"中国劳模"系列丛书

U0726580

中国劳模

滴水掘金的"铂乐"

潘从明

陈超　濮悦◎著

吉林出版集团股份有限公司
全国百佳图书出版单位

图书在版编目（ＣＩＰ）数据

滴水掘金的"铂乐"：潘从明 / 陈超，濮悦著. --
长春：吉林出版集团股份有限公司，2024.3
（"中国劳模"系列丛书 / 徐强主编）
ISBN 978-7-5731-4126-2

Ⅰ.①滴… Ⅱ.①陈… ②濮… Ⅲ.①潘从明－传记
Ⅳ.①K826.16

中国国家版本馆CIP数据核字（2023）第159098号

DISHUI JUE JIN DE "BOLE": PAN CONGMING

滴水掘金的"铂乐"：潘从明

出 版 人	于　强	
主　　编	徐　强	
著　　者	陈　超　濮　悦	
组稿统筹	东北师范大学文学院创意写作研究中心	
责任编辑	王丽媛	
助理编辑	张碧芮	
装帧设计	张红霞	

出　　版　吉林出版集团股份有限公司
发　　行　吉林出版集团社科图书有限公司
地　　址　吉林省长春市南关区福祉大路5788号　邮编：130118
印　　刷　唐山富达印务有限公司
电　　话　0431-81629711（总编办）
抖 音 号　吉林出版集团社科图书有限公司　37009026326

开　　本　710 mm×1000 mm　1 / 16
印　　张　9
字　　数　95 千字
版　　次　2024 年 3 月第 1 版
印　　次　2024 年 3 月第 1 次印刷

书　　号　ISBN 978-7-5731-4126-2
定　　价　45.00 元

序 言

　　劳动创造财富，劳动创造幸福，劳动创造未来。习近平总书记在2020年全国劳动模范和先进工作者表彰大会上的讲话中指出："全社会要崇尚劳动、见贤思齐，加大对劳动模范和先进工作者的宣传力度，讲好劳模故事、讲好劳动故事、讲好工匠故事，弘扬劳动最光荣、劳动最崇高、劳动最伟大、劳动最美丽的社会风尚。"当今世界，综合国力的竞争归根到底是科技人才和高素质劳动者的竞争。改革开放以来，我们强大的工人队伍用辛勤的劳动和拼搏奉献的精神推动中国制造、中国智造、中国创造走向世界的前列，新时代的中国面貌日新月异。大力弘扬劳模精神、劳动精神、工匠精神，加强高素质技能人才队伍建设，打造一支宏大的知识型、技能型、创新型劳动者队伍，是伟大时代赋予我们的历史责任。

　　劳动模范是民族的精英、人民的楷模，是共和国的功臣。自改革开放以来，广大职工勇立改革潮头，独立自主，奋发图强，勇于创新，其中涌现出一批批全国劳模和大国工匠。他们参与建设了代表中国高度、中国速度、中国深度的一系列重大工程，提升了国家实力，打造了"中国名片"，树立了"中国品牌"，增添了"中国力量"，充分释放出工人阶级的创新活力，展示出大国工匠的强大创造力。他们以工人阶级的满腔热忱在各自平凡的工作岗位上取得了辉煌的成绩，书写了新时代的壮丽篇章。

爱岗敬业、争创一流、艰苦奋斗、勇于创新、淡泊名利、甘于奉献的劳模精神，崇尚劳动、热爱劳动、辛勤劳动、诚实劳动的劳动精神和执着专注、精益求精、一丝不苟、追求卓越的工匠精神，是广大劳动群众在社会生产实践中锤炼形成的弥足珍贵的精神财富，是工人阶级伟大品格的具体体现，是民族精神和时代精神的生动诠释。民族复兴需要劳动模范，祖国强盛需要大国工匠，中国制造、中国智造、中国创造更需要大国工匠的强有力支撑。劳模、工匠等的成长故事、先进事迹中承载的劳模精神、劳动精神和工匠精神，是激励全国各族人民团结奋斗、勇往直前的强大精神力量。

"中国劳模"系列丛书，采用图文结合的方式，讲述全国劳模、大国工匠和先进工作者们的成长经历及他们追梦、筑梦、圆梦的故事，用他们在平凡岗位上创造不平凡业绩的真实故事感染读者，推动形成劳动最光荣、劳动最崇高、劳动最伟大、劳动最美丽的社会风尚，引导广大技术工人和青少年形成劳动光荣、技能宝贵、创造伟大的观念。

"匠心筑梦，强国有我。"新时代是一个万象更新、生机勃勃的时代，也是一个继往开来、创新创业和建功立业的大时代。希望广大读者能以劳动模范为榜样，以大国工匠为楷模，立志技能报国、技术强国，踔厉奋发，勇毅前行，锤炼思想品格，汲取劳动智慧，勇于担当、勤于钻研、甘于奉献，为推进新型工业化和乡村振兴，为加快建设制造强国、质量强国、航天强国、交通强国、网络强国、数字中国、农业强国，全面建设社会主义现代化国家贡献青春力量。

中华全国总工会副主席（兼）

中国航天科技集团有限公司第一研究院

211厂14车间高凤林班组组长

2022年11月

　　潘从明，中共党员，党的二十大代表，1970年9月生，本科学历，金川集团铜贵有限公司（原金川集团铜业有限公司），贵金属冶炼特级技师，有色冶金正高级工程师，甘肃省技术技能领域拔尖领军人才，国家级技能大师工作室领衔人，享受国务院特殊津贴，曾获"大国工匠年度人物""全国劳动模范""全国五一劳动奖章""最美职工""中国质量工匠""全国技能手""中华技能大奖"等荣誉。主持的"镍阳极泥中铂钯铑铱绿色高效提取技术"项目于2019年获得"国家科学技术进步奖"二等奖。领衔的劳模创新工作室被中华全国总工会授予"全国示范性劳模和工匠人才创新工作室"。

他能准确把控万分之一的精准度，从铜镍冶炼"废渣"中同时提取8种以上稀贵金属；发明的"颜色判断法"作为铂族金属精炼师的"绝技""绝活"曾被中央电视台《新闻联播》报道，他是仅凭溶液颜色就能准确判断99.99%产品纯度的传奇人物；作为技工学校毕业的一线产业工人，主创的"镍阳极泥中铂钯铑铱绿色高效提取技术"填补了国内外贵金属资源综合利用技术的空白。

参加工作以来，他始终扎根贵金属生产一线，并先后承担国家和省（部）级重点科研项目9项，完成各类创新项目228项，拥有国家授权专利43项，在核心期刊发表科技论文21篇，出版著作2部。同时，他还致力于各类贵金属一、二次资源物料清洁、环保、高效处理技术及装备的研发与应用，改变了我国贵金属冶炼长期依赖国外技术的局面，为推动我国贵金属冶炼技术向高、精、尖发展做出了突出贡献。

目　录

第一章　"闷葫芦"是宝葫芦

葫芦虽小藏天地

用时能与物为春

生于尘土

这里是中国西北部生态环境面临严峻挑战的地方之一，是我国四大沙漠中的巴丹吉林沙漠和腾格里沙漠围成一片的地方。而在两大沙漠之间，有一片存续千年的绿洲不断成长，它正是潘从明的家乡——甘肃省武威市民勤县。

1970年的秋末，一场沙尘暴突袭而来，原本晴空万里的秋日瞬间狂风大作，飞沙漫天。在这持续多时的沉闷混沌之中，一阵响亮的哭声从民勤县大滩乡北中村十社一间摇摇欲坠的土坯房中传出，父亲潘竟河和母亲王玉英迎来了他们的第三个孩子。

"爹，弟弟怎么这么小？"5岁的大儿子潘明辉此时正趴在炕沿儿上，盯着眼前这个和小猫差不多大的弟弟，一边心想着他什么时候才能和自己一起玩，一边问着父亲。"长得是小了点，但你看这眼睛，够亮。"父亲说话间也不住地看小儿子，那真是越看越喜欢。"他爹，给娃起个名吧。"王玉英略带疲倦地说。潘竟河想了一会儿，又抬头看了看窗外久久未退却的昏黄说："就叫潘从明吧，明就是亮，希望娃长大后能走出咱们这个灰蒙蒙的小地方。当然了，也希望他这一辈子都明明白白不糊涂。""弟弟，你有名字了，你叫潘从明。"潘明辉一边高兴地拍手一边对弟弟说，只有2岁的女儿潘莉青还不明白发生了什么，看着哥哥拍手，她也跟着学了起来，两只小手一下一下地拍着。襁褓中的潘从明似乎也很喜欢这个名字，他不哭不闹，娇嫩的小脸上还现出了隐隐的笑意。

新生命的到来给潘竟河一家增添了喜悦与期待，但同时也让原本就不富裕的家庭更显困窘。潘从明出生时，父亲潘竟河虽已在三尺讲台上当了8年的小学教师，但微薄的工资实在不足以支付一大家子的口粮。加上20世纪70年代的民勤对待土地沙漠化难题远不如现在治理有方，因此土地的开垦和粮食的产出常常受制于风沙侵扰。虽然母亲王玉英还在哺乳期，可她也并没能享受什么"优待"，一日三餐还是极稀的玉米糊糊。潘明辉和潘莉青更是经常食不果腹，肚子饿得咕咕叫。有时候看着母亲喂养弟弟，兄妹俩忍不住凑上前羡慕地看着：弟弟吃得可真香呀。他们不知道的是，小小的潘从明也和他们一样，正体会着饥饿的滋味。他用力地吮吸却得不到一丝甘甜的乳汁，只能通过哭声来表达自己对母乳的渴求。几天下来，他连哭声也渐渐变得嘶哑又微弱了。看着家里三个瘦小的孩子，母亲王玉英的眼角湿润了，也许便是从此刻起，她下定决心一定要让三个孩子走出乡村，走向更广阔的天地。

潘从明3岁的时候，弟弟潘从英出生了。潘从英的到来，让潘竟河夫妻俩身上的担子更重了。白天，潘竟河上班教书，王玉英就去集体公社挣工分。傍晚，俩人又在地里忙碌，就连做梦都盼着有个好收成。可大自然的风沙并没有因为人们的辛劳而"偃旗息鼓"，它肆虐而来，又呼啸而去，卷起了黄沙和尘土，推动着沙丘，缓缓覆盖上了农田。

虽说生活在民勤的人们对沙尘暴早已司空见惯，但儿时的那一场风沙却让潘从明至今记忆犹新。

⊙ 潘从明的出生地——民勤县大滩乡北中村十社（1978年摄）

一觉醒来，潘从明觉得自己的眼睛、耳朵、嘴巴里都是沙土，再看看家里的每一个人也都灰扑扑的。眼看到了中午，可饭桌上的碗里仍旧什么都没有，他这才知道，原来家里仅剩的口粮已经吃完了。父亲潘竟河想要起身出门找点儿口粮，可是一站起来就头晕目眩，数日不停歇地刮风沙，让自小身子骨就不强健的他更加虚弱。

眼看着儿子和儿媳妇都要撑不住了，已经躺在床上许久的奶奶突然挣扎着坐了起来。她招招手，示意潘明辉和潘从明到她身边去，"辉儿、明儿，来，到奶奶这儿来。现在风不刮了，你俩一起去大姑奶家借点吃的吧。""我不去！"潘明辉已经12岁了，正是男孩子自尊心强的时期。"你呀！"奶奶叹了一口气，拉住潘从明的手，"我的闷葫芦娃，那你去吧。"7岁的潘从明虽然没有哥哥那样倔强，但他也明白"借"字背后的含义，如今的北中村又有几家人还有余粮呢？和哥哥姐姐相比，潘从明一直都是那个不愿意表达的孩子，他左手捏着衣角，紧抿着小嘴，不知道该不该答应，但他感受到奶奶握住他的那双手是温暖而又粗糙的，他没吭声，转头就往外走。看着弟弟小小的背影，潘明辉内心也有些后悔，他假意咳嗽了两声，也赶忙跟了上去。

以往去大姑奶家玩的时候，他们从未觉得这条道路是如此漫长，长到俩人走到门口的时候，都汗涔涔、灰蒙蒙的。潘明辉低头拍着裤腿，他有个小心思，想让弟弟去敲门然后开口借粮食。潘从明"心领神会"，他快步走上前，用小手轻轻叩响了大姑奶家的大门。

"这俩孩子，跑出来干什么？"大姑奶一开门，就看见一前一后的潘从明和潘明辉，俩人都不说话，低着头，像是犯了错的小学生。看着两个孩子略显局促的表情，大姑奶瞬间明白了他们的来意，"明儿，不是大姑奶不给你们，我实在是没有粮食了。""我家已经三天没揭锅了。"站在大姑奶身后的是她的儿子潘春水，他也饿得有气无力了。

潘明辉拉着潘从明对着大姑奶鞠了一个躬，转身就跑。刚跑到巷子口，潘从明止住了脚步。"走啊。"潘明辉拉了一把潘从明。"哥哥，要不咱们再去二姑奶家试试吧。""要试你去试，反正我不去了。"看着原地不动的哥哥，潘从明内心也犹豫了起来，但一想到爸爸和奶奶虚弱的样子，想到妈妈无助的泪水，他还是义无反顾地朝二姑奶家跑去。幸运的是，二姑奶给了潘从明几个土豆和半碗小米，这令潘从明如获至宝，他连说了几声谢谢，喜不自禁。"可怜又懂事的娃呀！"看着潘从明小心翼翼的样子，二姑奶也忍不住心疼起来。

风沙虽停，但痕迹犹在。回家的路上，哥哥潘明辉走在前面，潘从明跟在后面。空寂的小路一片狼藉，俩人的脚步声异常地清晰。循着前方哥哥的脚印，潘从明走得格外坚定与认真。

那一次，一家七口靠着几个土豆和半碗小米熬过了最艰难的日子。小小的脚印也许会淹没在浩渺的尘土里，但爱，总会留下痕迹。

父亲的散文诗

> 父亲是一棵树
> 叶舒展在云里
> 根深扎在脚下
> 你想成为的样子
> 都有他的影子

　　父亲潘竟河出生在一个贫苦的农民家庭，饥寒交迫的童年并没有磨灭他对知识的渴求，相反，他靠着埋头苦读的钻劲儿为十年寒窗画上了圆满的句号。1959年，中学毕业后的潘竟河被安排进甘肃省科技局工作，成为潘家的文化人，端上了那个年代人人羡慕的"铁饭碗"。这让全家人都兴高采烈，但潘竟河却显得格外淡定，因为他知道，自己对于未来的追求远不止于此。他一边勤勤恳恳工作，一边又到科技大学数学系上夜校。

　　向阳而生的青年都有一段值得回忆的辉煌时刻。对于潘竟河而言，那更是一段无比珍贵的黄金岁月，因为工作表现优秀，他被评选为单位"红旗手"。可谁也未曾想到，就在潘竟河事业蒸蒸日上之际，因为种种原因，他离职了。

没了工作的潘竟河不得不为了生计而四处奔波，走西安、闯新疆，一路节衣缩食。生存的压力就如同山顶滚落的巨石一样，一下一下地砸在了潘竟河的身上，但好在经历过的苦难生活培养了他坚定的信念，面对人生一个又一个难题，潘竟河暗暗告诉自己：只有扛得住涅槃之痛，才配得上重生之美。

生若直木，不语斧凿。1962年的冬天，许久未出的暖阳照在了冰封的河面上，潘竟河也终于迎来了命运的转机，他辗转回到了自己的家乡——民勤县大滩乡北中村十社，成了这里的一名小学教师。

这里说是学校，其实就是一片大空地上盖了几间土坯房，所谓的"教室"更是四处漏风，连课桌、板凳都没有。来到学校的第一天，潘竟河就开始为孩子们制作课桌、板凳，还用土坯垒了一个讲台。潘竟河想着，"小地方的孩子能读上书就已经很不容易了，不能让他们难上加难啊！"看着眼前为数不多的学生，潘竟河仿佛看到了小时候的自己——清亮的眼神中满是对知识的渴望。自此，学校就成了潘竟河的第二个家，他全身心地投入教学中。他坚信有教无类，在学校里尽己所能，事无巨细。一传十，十传百，慕名来求学的孩子也日渐增多，大家都说："北中小学来了个潘老师，教得好，人也好。"1963年10月，甘肃省广播电台专门策划了《勤俭办学在北中》的专题报道，宣传的正是潘竟河。

潘竟河一生教书育人，桃李满天下。在学生们心中，潘老师是风，是春风化雨，是清风越山岗。

1973年，因教学成绩突出，潘竟河被调入大滩中学担任语文老师。与小学生不同，初中生们大多有着更大的进取心和良好的自制力，但其中也不乏调皮捣蛋的孩子。潘竟河的班级里就有这样一位让各科老师都"头疼"的学生。一次语文课上，他竟然趁着潘竟河写板书的工夫上蹿下跳，还故意蹲在板凳上听课，将后面学生的视线挡得严严实实。"你蹲在哪里？"课堂纪律被扰乱，老师内心难免不悦，但潘竟河仍旧耐着性子心平气和地问道。"我蹲在鞋窟窿里呀。"话音刚落，教室里哄堂大笑。之所以有如此效果，是因为这句话来自同学们口耳相传的关于一段潘老师的"笑料"。那时潘竟河刚来学校，有人问他："潘老师，你站在哪里？""我站在鞋窟窿里呀。"潘竟河幽默地回答道。没承想，当时的一句玩笑话此时竟被如此"借用"，潘竟河一时之间不知道该不该生气。

"完了，潘老师指定得让他写检查，说不定还得叫家长。"下课后，同学们纷纷猜测。然而出乎意料的是，潘竟河不仅没有严厉地批评这位同学，反而还夸他聪明，并且把他的座位调换到了讲台旁边，时刻关注，不断鼓励。三年时光匆匆而过，这位同学不仅以优异的成绩毕业，后来还考上了大学。"没有教不好的学生，只有不会教的老师。"再次提起这段往事，潘竟河感叹道。

1994年，潘竟河离开了他最爱的三尺讲台。从23岁到55岁，从风华正茂到两鬓斑白，潘竟河将华年留于桑梓，将心血投身于教育，连续多年被评为大滩中学模范班主任、先进工作者，先后6次获得民勤县教育局的表彰奖励。

潘竟河嗜书如命，除了爱看文学类书籍，他还特别愿意钻研中医理论。在邻里乡亲的口中，潘竟河是老师，也是个热心肠的"好大夫"，谁有个头疼脑热的都愿意来找他。潘竟河从不怠慢，每次都认真对症开方，力求药到病除。有一次深夜，邻居因为腹痛不止来找潘竟河，他二话不说立刻把脉，还一边安慰着邻居，一边帮其疏通经脉，不一会儿邻居就气色如常了。更难能可贵的是，面对邻居们的"求医"，潘竟河不仅有求必应，还分文不取。

谆谆教诲，不如耳濡目染。在儿子潘从明的眼中，父亲潘竟河是一棵大树，不只为全家遮风挡雨，也用挺直的脊梁教会了他什么是热爱，什么是勤劳，什么是正直，什么是勇敢。

在潘从明的记忆里，地里的活是永远干不完的，父亲的书是多久都看不够的。每天下班之后，父亲顾不上吃饭，趁着天色还未晚，就赶紧去地里忙活。春天播种，夏天除草，秋天收割，冬天沤肥……哥哥姐姐都早早睡下了，可潘从明从来不睡，他趴在窗边等月亮高高升起，因为那时，父亲就会带着农具回来了。

简单拾掇一番后，潘竟河就会拿起一本书坐在桌前开始翻看，这是他的习惯，也是劳作了一天后难得的精神休养。看到父亲拿着板凳坐下了，小小的潘从明就端着一碗水颤巍巍地走过来，"爹，喝水。""好孩子，不困吗？"潘从明摇摇头，靠在父亲的身边，父亲身上的味道可真好闻呀，既有泥土的清香，又有书卷的墨香。虽然那时潘从明还小，还未识字，但每当父亲看书时潘从明也看得似模似样，有时父亲有事走开了，他就用小手按住父亲看过的那些字，好像生怕它们飞走了一样。父亲回来后，他忙说："爹，你刚才看到这儿了。"看着可爱的儿子，潘竟河会忍不住摸摸他的脑袋瓜儿。

也许是因为这孩子打小就不爱哭，也许是因为日日夜夜的等待与陪伴，潘竟河虽膝下有4个子女，但他的关注点总会不自觉地落在潘从明身上。"这些娃里，明儿最像我，希望他长大后，要么当老

⊙ 1986年，潘从明（左）与父亲合影

师，要么当医生，二选一。""咋就不能两个都当？"王玉英笑着问。"老话说得好，术业有专攻，把一件事做好、做精就已经非常了不起了。"

长大后的潘从明虽然没有成为老师或医生，但他却如父亲所愿，择一事，爱一生。2014年，潘竟河病逝，潘从明在整理父亲生前的日记和文章时，看到了这样一段沉默却又颇具力量的散文诗：

> 雪啊
> 没能挡住人们的脚步
> 而在无声地召唤着生活
> 召唤着生动的色彩

这是父亲屡遭挫折却又披荆斩棘的一生，是他青春时留下的散文诗。摸索着熟悉的笔迹，潘从明泪流不止。

别人家的孩子

潘竟河家4个孩子虽然年龄差不大，但性格却是"各有千秋"。大哥潘明辉性格开朗，二姐潘莉青为人善良，小弟潘从英心灵手巧。潘从明是四姐弟中最为内向、最不善言辞的一个，人送外号"闷葫芦"。

别看潘明辉是家里的老大，但他生性爱自由，向往外面的世界，家里这方"小天地"根本不够他折腾，广阔的田间与沙漠才是他的"主战场"。早上出门时干干净净的衣服晚上回来时准满是尘土，母亲王玉英气得想要揍他，他一溜烟地跑到院子里，"你不能打我，我可是打沙仗的领头'将军'。"潘明辉趾高气扬地说。和哥哥不同，潘从明从小就愿意待在家里，他和姐姐都是妈妈、奶奶的好帮手。不过潘莉青干起活来总是"妈妈、奶奶"叫个不停，而潘从明则一句话不说，默默地看、默默地学、默默地干，有时候妈妈都忍不住打趣道："明儿这孩子太文静，一上午都听不见他说一句话。"

看见妈妈和面，潘从明也想尝试，但他害怕自己掌握不好面和水的比例而浪费粮食。于是他就挖了一盆土，加水不停地搅拌，水多了加土，土硬了加水，反反复复几次下来，一个光滑的泥团"诞生"了。大泥团拆成小泥团，小泥团又搓成小泥条，潘从明想："原来擀面条这么有意思。"夏天阳光明媚的时候，潘从明蹲在院子里一做一整天，他要把两间土坯房裂缝的地方都用"泥面条"糊上，这样秋天的寒风就吹不进他们温暖的小家了。

立夏时节，父亲潘竟河给孩子们下达了一个重要"任务"——给家里的羊储备草料。因为拔草要去腾格里沙漠，路远又不好走，遇上沙尘天气更是苦不堪言，而且潘竟河考虑到潘从明和弟弟潘从英年纪太小，所以这项"任务"一直都是由潘明辉和潘莉青完成的。"哥哥、姐姐，你们就带我去吧，我保证不告诉爹。"潘从明央求道。看着弟弟的可怜样儿，姐姐潘莉青刚要答应，就被潘明辉拉到了一旁，"本来半天就能完成，要是带他去，咱俩还得看着他，指不定黑天才能回家。"潘莉青想想也是，便也拒绝了。可是潘从明

⊙ 潘从明（左）儿时照片

不死心，他偷偷跟在二人的身后，打算一起去拔草。

诗中写道：大漠孤烟直，长河落日圆。跟在哥哥和姐姐后面的潘从明所感受到的是沙漠里又大又炙热的太阳，虽然这是第一回走这么远的路，但他咬着牙坚决不"掉队"，潘明辉和潘莉青走到一半时才发现了这个"小尾巴"，只能一起同行。到了目的地，哥哥姐姐拔草，潘从明就在一旁看着，几次下来，他就看明白了其中的诀窍。这次任务的"验收"结果，是潘从明背回的草竟然比哥哥姐姐都多。看着儿子被草划红的小手，潘竟河既心疼又不解，"你这个孩子，为什么非得跟着去呢？""我想亲手给我的好朋友拔草。"

是的，潘竟河没有听错，羊圈里的羊、猪圈里的猪、牛棚里的牛和驴都是潘从明童年的"好朋友"。因为不善表达，村里的孩子们很少有人找潘从明玩，还在背后叫他"闷葫芦"。潘从明也不生气，他一个人待在院子里，看羊吃草，看猪拱食，看着看着就着迷了。那时候，他还不到6岁，便能熟知这些"小伙伴"的习性。羊和牛是反刍动物，适合野外放牧饲养。羊爱吃草尖，喜欢睡在高一点的地方，比如山地和丘陵；牛爱吃草，但也吃玉米和水稻，所以牛要是"出门"了，人就得紧紧地盯着它；猪是"小馋猪"，除了饲料还特别愿意吃甜食，灰菜、鸡爪子菜、车轱辘菜都是它的最爱；驴不能反刍，常常吃稻谷秸秆、大豆秸秆、玉米秸秆等质地干、硬、脆的食物，过软的草料可不能喂给它。

上了学之后，潘从明每天放学后第一件事就是以最快的速度跑回家，他要喂猪喂羊，还要牵着牛和驴到几公里外的地方饮水。路过的邻居看见潘从明小小年纪就帮家里干活，再想想自家一放学就跑没影儿的"熊孩子",羡慕得不得了,"这真是别人家的孩子啊!"

种麦子、拾麦穗、浇水、除草……随着年龄逐渐增长,潘从明分担的劳动也越来越多。奶奶看着他瘦瘦弱弱却又勤勤恳恳的样子,对着门口的大枣树自言自语:"人人都说我们家明儿性子闷,但其实他才是我们家的宝呢,他把别人用来说话的时间都用来做事了……"

第一棵沙柳

沙漠是有"脾气"的,安静的时候像个乖孩子,吵闹的时候像个淘小子。为了不让淘小子频频"闯祸",北中村的村民们想了很多办法,其中一招便是种植沙生植物。

沙生植物指的是生长在沙质土壤中的植物,它们的根系发达,且能横向、纵向同时生长。种植沙生植物既能减少扬尘,又能降低地表水分蒸发量,减轻干旱程度,有效改善沙漠地区的生态环境。沙柳,就是典型的沙生植物之一。它形如火炬,成活率高,萌芽力强,不怕沙压,其根系在地表下最远能延伸100余米,是北中村首选的治沙法宝。

每年的3月至5月,是最适合种植沙柳的时节。在这段时间里,村民们无论手头上有多少活,都会抽出时间在村头集体种植沙柳。此时,潘从明也跟着父亲加入了种树行列。有人扛树苗,就有人挖土；有人插苗，就有人浇水。各家各户虽没有明确的分工，但却井然有序，默契十足。潘从明还是个孩子，力气自然比不过大人，他只能帮忙扶正树苗，方便父亲培土。

就在他沉浸在和沙柳幼苗"比个儿"的快乐中时，不知谁大喊了一声："看，城里人来了。""城里人？"循着声音的方向，年幼的潘从明第一次看到了"城里人"。

许是那天的阳光太和煦，让潘从明望向远方时竟然看到了"光环"，那是"城里人"身上散发出来的自信与魅力。面对村民们羡慕、炙热的眼光，他们没有一丝害羞和扭捏，反而是继续说着一口好听的普通话，朗朗的笑声如同沙漠中的驼铃，叮叮当当悦于耳旁。没有人知道他们从哪里来，要到哪里去，但只是这短暂的"经过"也足以令潘从明心向往之。

"明儿！明儿！"父亲叫了好几声潘从明才反应过来，"别看了，赶紧好好扶着。"潘从明点点头，但不知为何，这一刻他的内心突然涌上了一股莫名的情感，他想要改变命运，他想要走出北中村，他想要靠自己的双手让全家人也过上好生活。

一棵沙柳代表着一线绿色的生机，千千万万棵沙柳就是未来崛起的希望。潘从明不仅仅是亲手种下了人生中的第一棵沙柳，更种下了他人生的第一个梦想。这梦想就如同沙柳般，时间越久，扎根越深，绽放的光芒也越发灿烂。

第二章　"小潘老师"上线了

读书不觉已春深

一寸光阴一寸金

记忆中的热汤面

民勤县原名镇番，1928年因当地人民勤劳而易名。民勤人历来注重教育，有"人在长城之外，文居诸夏之先"的美誉，是甘肃省内数一数二的教育名县。潘从明的出生地——北中村位于民勤县东北部。别看小乡村不富裕，但在教育投入上却舍得给孩子花钱。潘竟河一家更是如此，看着哥哥姐姐已经背上了小书包，听着他们分享学校里的趣事儿，潘从明向往得不得了，他时常想：我什么时候才能步入校园呢？

1978年，改革开放的春风不仅吹暖了大地，也吹开了一个懵懂孩童的心。这一年的冬天，雪花刚刚飘落，潘从明就眼巴巴地盼起了来年盛夏。明年他就9岁了，等到秋天，他就能和哥哥姐姐一样成为小学生了。"他爹，有时间你去镇上买几尺棉布回来吧。"王玉英说。"要棉布干吗？""明儿要上小学了，这过年都没给他置办新衣裳，上了学可不能让人笑话。""行。"潘竟河往灶里添了一把柴火，"等赶明儿我就牵头羊去镇上。"

家人对潘从明的爱溢于言表，更体现在行动上。妈妈亲手做的衣裳，爸爸买的袜子和白球鞋，奶奶点灯熬油缝的小书包……这一切已经都整整齐齐地摆在了柜子里。潘从明一天要看好几遍，有时候实在忍不住就把书包背在身上，想象自己已经上学了。

这日夜期盼的一天终于到来了。天还没亮，潘从明就一骨碌爬了起来，把叠得整整齐齐的衣服穿好，简单吃了几口早饭，便着急地背着小书包往外走。父亲潘竟河拉住了他，"明儿，上了学可就和在家里不一样了，你得好好学习，上课认真听讲，有不懂的就问老师，记住了吗？"潘从明点点头，刚要走，母亲王玉英又拉住了他，"要团结同学，不能闹矛盾，更不能打架。""我记住了，我一定好好学习，好好听话。"潘从明水汪汪的眼睛在今天格外明亮。

太阳当空照

花儿对我笑

小鸟说早早早

你为什么背上小书包

我去上学校

天天不迟到

爱学习爱劳动

长大要为人民立功劳

自此，那条通向学校的田间小路上总有一个小学生的歌声，飞来飞去的小鸟为他伴舞，路边的小花小草是他的听众。潘从明喜欢书本，喜欢教室，喜欢学校里的一切，这份打心底里的热爱让平凡的小孩拥有了五彩斑斓的梦。

因为品学兼优,一年级下学期,潘从明就被批准成为班里的第一批少先队员。看着胸前飘扬的红领巾,听着老师们动情讲述红领巾背后的故事,潘从明第一次感受到了责任与使命。"今天,我的心情特别激动,因为我戴上了红领巾,成了一名光荣的少先队员。我一定要更加严格地要求自己,好好学习,尊敬老师,团结同学,将来报效祖国!"夜里,潘从明在日记本里一笔一画地记录下这令人难忘的一天。

如果说光荣角上"潘从明"这三个字后面一长串盛开的小红花是他成长的印迹,那记忆中母亲一碗又一碗的热汤面便是照亮印迹的阳光。

每当潘从明考了第一名,王玉英就会给儿子做一小碗热汤面,尽管碗里只盘着几根面条,但以当时的家庭情况来说,这无疑是一顿美味佳肴。潘从明不舍得吃,总是找理由分给家人们,母亲不让,他就搬出学校老师常常说的那句话:"我是学生,好好学习是应该的。"王玉英不是偏爱,而是心疼。自从上了学,儿子不写完作业绝不吃饭,学习起来更是没日没夜,就连梦里也惦记算数学题。好几次,她都想劝潘从明出去玩一会儿,但看着儿子学习的认真劲儿,到了嘴边的话又不得不咽了回去。

有一次,潘从明放学回家既没有兴高采烈地跑去看小羊小牛,也没有欢快地和家里人打招呼,而是耷拉着脑袋走进了里屋,从书包里掏出课本和练习册,开始学习。奶奶叫了他好几声,他不应;爸爸喊他来吃饭,他也不听。就这样学啊学,学到月亮爬上了屋檐,妈妈从厨房端来了一小碗热汤面。看着热气腾腾的面条,闻着熟悉的味道，潘从明"哇"的一声就哭了，"娘，我不配吃这碗面，我考了第二名。""娘这碗面是做给明儿的，也不是做给第一名吃的，你哭个啥？""我心里难受，不是因为别人超过了我，而是我觉得我不够努力。""不够努力咱就接着学，但是前提是得填饱肚子。"母亲把筷子递到了潘从明的跟前，"吃吧，娘陪着你。"

每个人的记忆里或许都有一碗热汤面，它的味道和思念一样缠绵，无论走到哪里，它都在原地，从不张口说离别。

班级里的优等生

一年之计在于春，一日之计在于晨。

自从上了学，无论风吹雨打，潘从明总是第一个到教室。东方升起的初阳将晨光洒在了课桌上，沐浴其中的少年郎正捧着课本，书声琅琅。这一抹亮丽的金黄折射在玻璃上是绚丽多彩，落在潘从明身上便是一天美好的希望，他享受这份独处的静谧，更珍惜每一日清晨最好的读书时光。

一转眼，潘从明已经成为四年级的小学生了。这天，他如常早早来到学校，推开教室门，却惊奇地发现已经有好几个同学坐在了教室里，正在着急地"谋划"着什么。还没等潘从明反应过来，他们就一窝蜂地跑上前把潘从明围住了。

"你……你们要干什么？"潘从明立马紧张起来。"不干什么，不干什么，就是……能不能把你作业借我们抄抄？"说话的同学是潘从明的后桌，他上课总打瞌睡，已经被老师点名批评好几回了。"不行，老师说不能抄作业。""我们不是抄，我们是不会，你就借给我们看看吧，求求你了。"潘从明是班级里的"老好人"，他虽话不多，但平日里与人为善，也正是看准了他不会拒绝这一点，这几个同学才想出了这个"主意"。

有些事情一旦有了第一次，就会有第二次、第三次。接连几天早上，潘从明人还没坐到板凳上，作业本已经在教室里传开了。他想阻止，但又不知道怎么开口，脑子里仿佛有两个小人儿一直在打架。一个说："抄就抄吧，谁让咱们的作业越来越多，题越来越难呢。"另一个说："知识是一点一点学习得来的，你让他们抄作业就是在害他们。"

这天早上，潘从明终于鼓起勇气，做了之前自己一直都想做但没敢做的事，他把自己的作业本从一个同学的眼皮子底下拽了出来。"别呀，潘从明，还没写完呢。""是啊，别那么小气，让我们看看吧。"其他几个同学也附和道。"你们这样抄作业，期末考试怎么办？要是有不会的题，我可以给你们讲。"潘从明眼神里满是真诚。"那好，你给我讲，我都不会。"潘春水拿着自己空空如也的作业本走来了。

潘春水是潘从明大姑奶家的孩子，大姑奶自小就把他当作"左膀右臂"，家里的活没少让他干。他虽然和潘从明在一个班，但个子小，年龄也小，学习起来有些吃力。因为多了一层亲戚关系，潘从明对待潘春水也比对旁人耐心许多，而且还时不时给他"开小灶"，更是把爸爸给自己买的辅导图书都借给了潘春水，督促他把之前落下的功课都给补上。

"太难了，我都看不懂。""你不用心当然看不懂了。"此时的潘从明俨然一副老师的模样，"学习就是熟能生巧，你多做题多看书，慢慢地就没有那么难了。"意识到自己刚才说的话有些严厉，潘从明赶紧补充道。

潘春水打心眼儿里羡慕潘从明，羡慕他学习好，羡慕他聪明，更羡慕他有一个当老师的爸爸。其实潘春水也不是个没有梦想的孩子，只是缺乏正确的引导。近朱者赤，和潘从明待久了，他也慢慢地有了要好好学习的想法，一向活泼好动的他也能坐住板凳了，一看书就困的小毛病也克服了。看着他捧着那本辅导图书时眉头紧锁的样子，潘从明忍不住问："是哪儿又看不懂了吗？"潘春水点点头，把书推到了潘从明的面前，"你给我讲讲这道题。"

一连讲了三遍，潘春水还是没听懂。眼看着天黑了，家里的牛还没饮水，潘从明有点着急，但他还是耐着性子又讲了三遍。"这回听懂了吗？"潘春水不吭声，"听懂了没呀？"潘从明说话的声音提高了几分。"没有！没有！"潘春水把书扔给了潘从明，"别以为你会几道题就真是老师了，我不学了。"

潘春水拿着书包头也不回地跑了出去，他本来在潘从明面前他就有些自卑，如今更觉得自己是一窍不通的"笨蛋"。与其说他是生潘从明的气，不如说他是在和自己置气。而潘从明这儿，也觉得很委屈，自己天天放学给潘春水补习，他不领情就算了，怎么说放弃就放弃了呢？

越亲密的关系，越容易产生摩擦和矛盾，这在心理学上被称为"刺猬法则"。一段时间内，潘从明和潘春水两个人谁也没和谁说话，潘从明依旧是班级里的优等生，每天来找他问问题的同学越来越多。潘春水也恢复到了以前吊儿郎当的样子，只不过当他看到潘从明给别人讲题的时候，心里还是不由得泛起涟漪。

人的一生要经历亲情、友情和爱情。而对于学生时代的他们而言，此时的友情是缓慢而又笨拙的。

游戏里的"落后分子"

出生于20世纪七八十年代的孩子，没有艾莎公主，没有超级飞侠，更别提什么平板电脑、手机游戏。尤其是生活在农村的孩子，他们的玩具大多取材于自然，通过自己动手改造而成。女孩们常常凑在一起玩丢手绢、踢毽子、编花篮……男孩们则是"武器加身"，什么木头枪、竹子枪、火柴枪，还有人手一个的弹弓。

潘从明书包里也有一个弹弓，那是哥哥潘明辉用木头棍绑上皮筋做的。那天，潘从明正在羊圈里喂小羊，看见哥哥蹲在院子里磨着什么东西，凑近一看才发现哥哥是在磨木头棍。"喜欢吗？"潘明辉一脸骄傲地问，潘从明点点头，"喜欢哥哥也给你做一个，到时候咱俩一起去门口打枣子。"就这样，潘从明拥有了童年的第一件"武器"——弹弓。

可没承想，同一个弹弓在潘从明和潘明辉的手里完全是"两副面孔"，潘明辉百发百中，潘从明是一个也打不中，无论他怎么尝试，树上的枣子都纹丝不动。久而久之，这弹弓就成了"闲置品"，被冷落在书包里。

这天放学，潘从明脑子里还回荡着老师讲的名人名言，却被一声声呐喊带跑了思绪。只见学校门口不远的果树下，潘春水正在和两个同学打果子，他们手里的弹弓仿佛长了"眼睛"，指哪儿打哪儿。眼见一个个果子应声落地，潘春水还不停地变换着姿势，时而凑近瞄准，时而呈"弯弓射大雕"状，惹得围观的男孩女孩们一片欢呼。潘从明拽了拽书包带，本想快速走过，却被其中一个眼尖的同学看见了。"潘从明，你也来用弹弓打果子啊？""人家哪会打果子，人家只会考100分。"奚落的言语引得大家哈哈大笑，潘从明看见潘春水也跟着笑了，而且笑得很大声。"你不会连弹弓都没有吧？""谁说的，我有！"潘从明再也忍不住了，他的手在书包里掏来掏去，谢天谢地那个已经发旧的弹弓还在。"那既然有弹弓，就给我们露一手吧。"听到这话，潘从明胆怯了，他有点后悔自己把弹弓掏出来了，转头就往家的方向跑，身后再次传来了阵阵笑声。

这天夜里，潘从明失眠了。面对多难的数学题他都能解得出来，如今一个小小的弹弓却成为自己的"绊脚石"，他不服气。"或许我不适合打弹弓，就像男孩子不会跳皮筋一样。"潘从明安慰自己，"明天我玩别的试试，说不定就比他们厉害了。"

潘从明首先"盯"上的是哥哥的火柴枪。这是一种以火柴棍儿为"子弹"可以发出响声的自制玩具枪，是男孩们心中的"神器"，他求了哥哥好久哥哥才答应借他玩十分钟。他看哥哥玩时，一打就起火，亮闪闪的，很酷，但到了自己手里，火柴棍儿就好像受了潮一样，怎么都打不着。他又借了姐姐的杏核儿，打算"一展拳脚"，没想到几轮下来，要么就是石头剪刀布输了没有首扔权，要么就是对方一个"满堂红"，直接将自己的杏核儿全部搂走。潘从明满满一兜子的杏核儿回来时空空如也，气得姐姐好几天没和他说话。

"我怎么什么都玩不明白呢！"潘从明憋了一肚子火，拿着弹弓跑了出去，随手捡起路边的石子，对着天空就是一顿乱扔。却不知，不远处的潘春水正坐在枣树下悠哉地看着这一幕。"想知道打弹弓有什么秘诀吗？"潘春水走了过来。"你怎么在这儿？""我怎么不能在这儿，此路也不是你家开，此树也不是你家栽。"潘从明不知道该说什么，他叹了一口气，一屁股坐在了地上。"这样吧，看在你可怜的份儿上，我可以教你。""你教我？""怎么，不想学呀？""不是不是，你为什么教我？""你不是也教我学习了吗？"潘春水嘟嘟囔囔，表情有些不自然。"就算你不教我打弹弓，我也想继续帮助你学习。"潘从明站了起来，俩人看着对方，都情不自禁地笑了起来。

始于初秋，止于盛夏，时光如烟，皆是过往。六年时光里，潘从明收获了无数的第一次，第一次考100分、第一次考第一名、第一次成为少先队员、第一次当中队长……当然，也是第一次明白了什么叫"尺有所短寸有所长"。四年级下学期，潘春水转学去了城里的重点学校，潘从明在为他高兴的同时也感到一丝丝失落，从初识到形影不离，他始终记得阳光下的潘春水站在讲台上，对着窗户外的他大喊："小潘老师，你来呀！"

第三章 孜孜不倦的"拼命三郎"

少年不惧岁月长

彼方尚有荣光在

做自己的太阳

学习就如同爬山，没有一番刻苦的努力和日复一日的坚持，很难到达顶峰。

1984年，潘从明以第一名的成绩考入了大滩中学。伫立在校门口，潘从明满是期待。一是因为大滩中学是乡里数一数二的好学校，能考进来的都是各个小学的佼佼者；二是因为父亲就在这所学校任教，说不定有一天自己也能成为父亲的学生。

20世纪80年代的中学，许多设施还不完善，大滩中学更是如此。一块平整的大木板，上面铺着床垫子，这就是当时的住宿条件。和十几个人躺在一起，这对头一回住校的潘从明来说，有些不适应。他睡觉轻，夜里同学们的梦话、磨牙声、呼噜声都让他辗转反侧，难以入眠。晚上休息不好，白天就算再强打精神头，那也忍不住犯困。再加上初中的课程一下子多了好几门，他想门门都学好，门门都学精，将宝贵的精力过多地放在细枝末节上，反而丢了西瓜捡芝麻。

期中考试，潘从明考了班级第五名，这是他上学以来从未考过的名次，虽然班级里确实有不少比他厉害的小学霸，但心理落差还是让他难过了好一阵。还好，有潘春水陪着他。

潘从明做梦都没想到，自己会和潘春水在大滩中学重逢。

"我妈怕我考不上中学，就把我送去了城里的表姨家。本来我还不愿意，但表姨对我可好了，就像对待自己孩子似的，还给我联系城里的重点小学。这不，我在那学了一年多，回到咱们村考试，竟然就来这了。"潘春水说得云淡风轻，但潘从明却隐隐地觉得，眼前的潘春水不一样了。"那你不想考第一名吗？"潘从明问他。"第一名？我可没有那本事，我要是能像你一样考个第五，那都烧高香了。你知道世界上最可怕的事儿是什么吗？就是比你聪明的人比你还努力认真。"这话一出，潘从明半天没缓过神来，这还是他认识的那个一遇到数学题就头疼的潘春水吗？

"潘春水，你和以前不一样了。""有什么不一样的，只不过我现在想开了。学习这件事是自己的，与其纠结考多少分，倒不如按照自己的目标一点儿一点儿前进。""那你的目标是什么？""我现阶段的目标就是考上高中，长远目标是去大城市上大学。"

去大城市上大学，一直以来也是潘从明的目标，他以班里"第一名"的成绩来要求自己，生怕一次失误就会与目标擦肩而过。可他未曾想过，比起远方的目标，眼前的行动才是最重要的，与其沉溺于挫败感之中，不如策马扬鞭努力奋进。

庆幸的是，潘从明又找回了曾经的自己。潘从明用手里的一支笔，沙沙地写下了自己的努力。他不断调整自己的状态，逐渐适应了集体生活；他不停地总结经验，虚心地求教于老师、同学。在高高摞起的一本本书和厚厚叠起的一张张卷子后面，是潘从明如成熟麦穗般低下的头。

书山有路勤为径，学海无涯苦作舟。逐渐显露的理科优势让潘从明在各类竞赛中崭露头角，总是能取得数学、物理、化学第一名的好成绩。

初二的那个暑假，潘从明学习的劲头更足了。因为再开学就是初三了，确实到了全力以赴的时候。再加上开学之后父亲就要成为自己的班主任了，他从小就崇拜父亲，觉得他是世界上最有文化的人，能够得到父亲的亲授，是件多么美好且幸运的事情呀。

可是当时初三年级的情况远比潘从明想得复杂。

初三年级一个班级50多名学生，复读生就有40多名，包括潘从明在内的应届生只有不到10人。潘从明眼看着很多同学在初二的时候就辍学放弃了继续读书的机会，他感到很难受，也为他们扼腕叹息。而复读生和应届生两种身份在不知不觉中也形成了两个"阵营"。也许是承受了巨大的压力，面对潘从明这样努力又上进的同学，复读生们不仅有着防范心理，更是故意疏远排斥他。

十四五岁的孩子，正是长身体的时候，潘从明这两年虽然个头长了不少，但体重一直没什么变化，人显得更瘦弱了。潘竟河心疼儿子，就把他叫到办公室吃自己的饭菜。因为那时教师食堂整体伙食比学生食堂好一些，潘竟河每餐都给儿子打点肉，想让他补补身体。未曾想到，就是这样一个举动暴露了俩人的"关系"，点燃了他人的嫉妒心。有几个复读生故意夸大事实、冷嘲热讽，甚至有一次还趁着潘竟河没在，把潘从明饭盒里的肉偷偷夹走了。

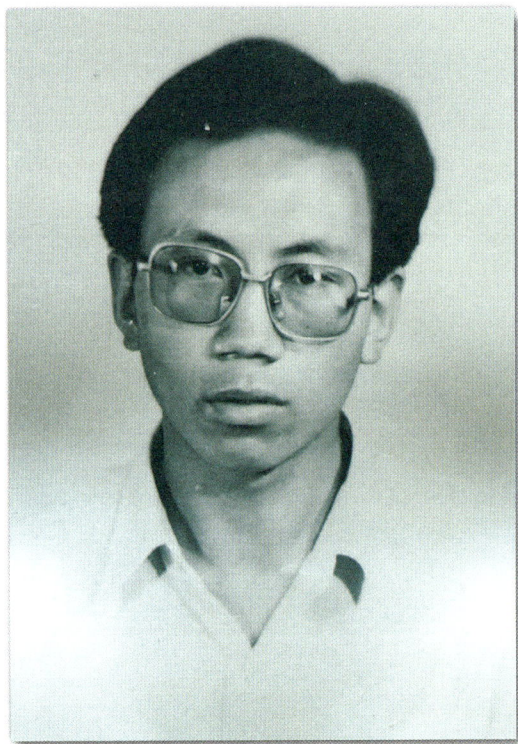

⊙ 青年时期的潘从明

看着空空如也的饭盒，潘竟河没有过多地追究，他更关心的是儿子此时的心理状态。"其实爹刚来这所学校的时候，也有人不喜欢我。我就琢磨啊，是不是我做错什么了？后来我发现，没有人会随随便便地认可你，喜欢你。做好自己，终有一天你的实力会征服他。"

生活中的我们总是习惯东张西望，甚至一不留神就把他人的期待当作努力的方向。因为父亲暖心的话语与陪伴，潘从明的初三是自信且阳光的，他用3年时间攀登上了一座山峰，看世界，也找到了自己。

十字路口的选择

20世纪七八十年代，改革开放的伟大变革和南下务工的浪潮让人们感受到了城市生活的便利与富足。北中村因地处沙漠偏僻地带，与外界接触较少，面对纷至沓来的新政策、新形势，步履蹒跚的老年人和拖家带口的中年人便把走出沙漠、走向城市的愿望投注到了年轻一代的孩子们身上。

"这孩子小的时候淘得都没边儿了，谁能想到现在中专毕业去城里当老师了。"夜里，王玉英一边掰玉米一边念叨着，这几天她心情格外好，大儿子潘明辉找到了满意的工作，并且把第一个月工资寄回家里补贴家用。"依我看，初中毕业读中专挺好，你说呢，他爹？"潘竟河看了一眼正在写作业的潘从明，"我说啊，咱们这一辈子是走不出小地方了，这孩子们长大了，他们想去哪儿、干什么，那心里都有谱，咱们做爹娘的，只要孩子想往上读，咱就供。"潘竟河是懂孩子的，他知道潘从明一直以来都想上大学，但他又怕自己说太多，给儿子增加负担，于是就借口去院子里拿袋子收拾玉米棒。

潘从明虽然没应声，但父母的这番对话他听得清清楚楚，想起哥哥潘明辉写给自己的一封封信，他一时之间有些不知该何去何从。

弟弟明儿：

最近学业很忙吧，马上就要毕业了，你有什么打算吗？武威职业师范学院挺不错的，你看哥哥不是就从这个学校毕业，现在当上老师了吗？哥哥相信以你的学习能力，如果来到了这个学校，一定会找到一份儿好工作。

弟弟明儿：

如果你决定参加中考，那就要去读高中了。你真的想好了吗？高考就像一座独木桥，万千学子蜂拥而至。可是考中专就不一样了，你的压力会小很多，再不用寒窗苦读三年了。

弟弟明儿：

今天我找人打听了一下，现在大学的录取率很低。如果你上了高中考不上大学怎么办呢？到时候再找工作可就难了，哥哥还是希望你能好好想一想，别冲动。

冲动,从来都不是潘从明做事的风格,他已经考虑许久了。读中专院校确实是一个走入城市的便捷途径,可是他的大学梦呢?难道就因为对未来的种种不确定而止步于此吗?

人生的十字路口,有人等烟雨,有人怪雨急,但无论如何,路要自己走。盛夏6月,潘从明毅然决然地走进了中考考场,并且以优异的成绩考入了民勤一中。

民勤一中成立于1933年,是甘肃省示范性普通高中、全国500强中学,更是北京大学、清华大学、西安交通大学、兰州大学等全国重点大学的优秀生源基地,被誉为"陇原名校"。来到这儿读书的孩子们,每个人都怀揣着梦想,把这里当作是未来人生路的起点。潘从明和潘春水亦是如此。

1988年的冬天格外冷,北风呼呼地刮着,雪花像鹅毛一样飘飘洒洒。早上一出被窝,说话都有哈气,洗脸水打在脸上凉得像针扎一样。潘从明所在的班级一共有90多名学生,大部分同学的手脚都被冻坏了,开裂的口子渗出了血,又疼又痒,握笔写字都成问题。但在这样艰苦的环境下,没有一个人退缩,反而更加意气风发,他们高声朗诵着:"冬天已经来了,春天还会远吗?"

漫漫求学路也有属于学生的快乐时光。

自从上了高中,潘从明的话更少了,他把时间和精力都用在了学习上。潘春水也一改往日的玩世不恭,学习、做事也变得有板有眼,颇有少年老成的味道,更为惊喜的是,他现在的学习成绩已经和潘从明不相上下了,二人经常交流,已成挚友,无话不谈。

夜里11点,结束了一天学习任务的学生们三三两两结伴而归,有人分享着某件有趣的事情，有人还在为某一道题发愁，还有人在怀里揣了一本书打算回宿舍秉烛夜读。潘从明和潘春水的宿舍一共住了30多个人，都是同班同学。每天在洗漱完毕熄灯之前的这段时间，大家都会坐在一起聊天、吹牛、讲笑话。

在那个没有手机和网络的年代，幽默风趣的男生在群体之中自然拥有很高的人气和关注度，但潘从明不会讲笑话，也不会"听"笑话。每次都是潘春水提醒他，他才跟着大家笑一笑。"你别告诉我，你一个笑话都不会讲。"潘春水悄悄问潘从明。潘从明仔细回想了一下，从小到大，他好像只认真听过父亲"站在鞋窟窿里"那个笑话，现在大家在讲笑话时，他根本听不进去，脑袋里都是数学公式和文言文。"你这样不行，时间长了他们会把你当作笑话，而且，讲笑话也能让大脑放松，张弛有度才能更好地学习。"潘春水从枕头下面抽出一本《笑话一百则》，"这可是我的独家秘籍，送给你。"

曾经，只要是书，潘从明都愿意看。因为父亲常说，读书破万卷，下笔如有神。可是这本《笑话一百则》却被潘从明尘封在了不起眼的角落。比起讲笑话，他觉得自己此时有更重要的事情要去做，那就是备战高考。

开花未必结果

窗外有风景，笔下有前途。低头是题海，抬头有鹏程。

高中三年，潘从明的成绩有起有落，但得第一名的次数越来越少。为此他一遍一遍地刷题，每做一道题，就感觉自己离理想又近了一步。有一天，潘从明正在做题，突然一阵眩晕，试卷上的符号好像小蝌蚪一样，在眼前晃来晃去。他站起来，走到潘春水身旁说，"陪我去操场走走吧。"

"去操场？"潘春水一脸诧异的表情，自从上了高中，潘从明除了晚上回宿舍睡觉，其他的时间都在教室里学习，别说去操场走走了，就连早操他也一次都没参加过，一心只想利用早读时间查漏补缺、背课文。

芒种已过，夏至未至。初夏的午后，阳光明亮且柔和，风一吹，就连树下的影子也随风摇曳。潘从明觉得自己的胸口闷闷的，好像有一块大石头压着，他刚想和潘春水倾诉，胃里就一阵翻江倒海，不由自主地弯下腰吐了起来。潘春水连忙拍了拍潘从明的后背，后背凸起的骨头硌得他手疼。"你是不是又没好好吃饭呀？"

午饭时间的食堂是拥挤且嘈杂的，全校一千多名师生都想吃点热乎饭。潘从明的班级离食堂远，下课去打饭，前面已经有好几百人了，只是排队就需要很久。但如果晚点去，那就有可能吃不上饭。为了不浪费时间，潘从明常常是饥一顿饱一顿。"你呀，你让我说什么好？你总说自己方方面面都要追求极致，可你的身体呢？不也应该好到极致吗？"潘春水嗔怪道，"你还记得咱们初三那年，潘老师说过什么吗？'教在理智的有意，学在快乐的无意。'你把自己身体搞垮了，还怎么快乐地学习？""我没事。"潘从明刚说完，胃里又是一阵痉挛。"去医院吧！""不用不用。"潘从明摆摆手，潘春水的一番话令他想到了父亲，也想到了母亲，鼻子有点酸酸的，"我想吃一碗热汤面。"

学校门口对面的街巷里有几家餐馆，潘春水带着潘从明走进了一家，"老板，来两碗热汤面。"热乎乎的面条吃下去，潘从明觉得自己好多了，说话也有力气了，"谢谢你，春水。""谢什么，我也正好想吃热汤面了。"临走付钱的时候，潘从明说什么也不让潘春水掏钱，"这顿必须我请你。""好好！"潘春水点点头，他知道潘从明的倔脾气，也不再和他客气。

高中生活匆匆而过，转眼就到了高考前夕。最近的几次模拟考试，潘从明和潘春水的成绩都处于中上游，俩人互相鼓劲，相约在高考的考场上实现"鲲鹏之志"。

那一年的夏天，日子过很慢很慢，只要有人从家门口经过，潘从明就立马跑出去看看，可是日思夜盼，他最终也没等到梦寐以求的那一纸通知。高考的失利令潘从明一蹶不振，他躲在屋里不吃不喝不说话。母亲王玉英急得不得了，就找来潘春水想想法子。

潘春水早早地收到了大学录取通知书，他的专业是农业。"从明，你开开门呀，我是春水。"站在门外，潘春水的内心也很忐忐，他不知道该如何安慰潘从明。

那天下午，潘春水和潘从明聊了许多，从他们小学的结缘到初中的重逢再到高中的相伴而行，"我报的是农业。"潘春水说，"三年前，我的梦想是去大城市，可是现在，我的梦想是想要用我的知识和力量回馈土地、服务农村。"看着潘春水眼里熠熠的光，潘从明也很动容。"从明，我相信你是不会被失败打倒的人，我在大学等你！"

"我在大学等你！"这句话是多么美好和动人啊。金秋9月，送别了潘春水，潘从明背起行囊再次踏进了民勤一中的校园。

每个人的一生都有一段落寞的时光，在那段时光里，我们付出了很多很多努力，却看不到结果，可是这一切丝毫不影响下一次出发。因为"勇气"两个字，从来都不是形容不落泪的人，而是形容愿意含泪继续奔跑的人。

人生的转折

遗憾的是，潘从明最终也没有叩开大学的校门。有些压力不是来源于外界，而是根植于内心。

在外人看来，潘从明一直都是上进、好学的"拼命三郎"，他反复地学，不知疲倦地学。但只有他自己知道，在扎实的知识体系背后是对考试的逐渐畏惧，是对未来的日渐迷茫。这一切好似一场梦，当他拎着沉重的书包回到家的那一刻，梦醒了，他也释然了。是啊，无论走多远，两间破旧的土坯房始终是自己温暖的港湾。

从明天起，做一个幸福的人
喂马、劈柴，周游世界
从明天起，关心粮食和蔬菜

潘从明缓慢地合上了他最爱的诗集，把它和曾经无比珍爱的书本一起，放到了柜子里。柜门一关，是告别，亦是开始。他放下了对知识的"眷恋"，开始把身心交付给土地。

"他爹，你说明儿是不是还没别过劲儿来，这一天天就在地里干活，我看着都心疼。"夜里，王玉英睡不着，推了推身旁的潘竟河。"这孩子，他身上那股劲儿如果用在干农活上就白瞎了，得想想招，让他走出去。"潘竟河起身，披了件外套。"大晚上的，你要干吗？""我给辉儿写封信，让他给留意留意金昌那头有没有什么好机会。"

没想到，潘明辉很快就回信了，信里提到金川公司技工学校正在面向社会招生，毕业后有机会直接进入金川公司工作。"明儿，你怎么想的？"潘竟河问儿子。潘从明内心里也认为这是个好机遇，可是万一……"明儿，爹知道你顾虑什么，其实你想想，你这几年学白上了吗？"

是啊，青春最宝贵的年华自己虚度了吗？潘从明坐在田埂上，望着遮住太阳的那片乌云。这些年的努力和付出虽然没有得到自己想要的结果，但学习的过程培养了他自律与坚持的品质，也教会了他人生不只有坦途，更有九曲十八弯。

那片乌云飘走了，太阳又重新灿烂了起来。

1993年，潘从明以优异的成绩被金川公司技工学校录取。当看到自己名字的时候，他喜极而泣。没有人规定花园里只有玫瑰才能芬芳，只要肯俯下身就能发现，茉莉、雏菊，甚至是路边的花花草草都散发着属于自己的幽香。

铸造工艺，是现代化机械制造工业的基础工艺之一。潘从明进入到技工学校学习的正是铸造专业，面对陌生且具有挑战性的学习任务，专注和极致再次成为潘从明对自我的要求。那时候，宿舍一共6个人，5个人都喜欢打麻将，他们常常在宿舍里"组局"，潘从明就在"三万、四饼、五条"的声音中看完了一本又一本专业书。因为理论知识记得牢固，1995年，潘从明成为第一批可以入厂实习的学生。

紧跟着人流一起走进机械厂的大门，潘从明满是好奇与期待。那些书本里所介绍的机器和工艺终于能够在这里见识到实物和进行实操了。透过机械厂外围的玻璃，潘从明看到了宽敞明亮的厂房、高大壮观的机器和不停运转的车床。在"轰隆轰隆"的蜂鸣声中，工人们正秩序井然地忙碌着。潘从明想象着自己未来也会成为其中的一员，掌握先进的铸造工艺，完美完成铸造任务。

为了早日实现自己的理想，获得更多技能，潘从明紧紧跟在师傅后面学习，一刻都不敢懈怠，大大小小的螺丝刀、扳手、锉刀以及各式各样的螺丝垫片很快和他成了"好搭档"。他在熟练掌握熔融金属（两种或两种以上的金属形成的熔体）浇注、压射等实际操作技能的基础上，又主动学习其他的机械加工知识，比如如何加工

⊙ 1993年9月，潘从明进入金川公司技工学校学习时留影

一个零部件。看图纸、磨刀、固定零件、装车刀、对刀、移动刀尖加工、根据测量的数据调整进刀数值……没想到一个小小的零部件加工竟然有着如此复杂的工序。潘从明从第一步学起。看图纸对他来说并不是难事，难就难在"磨刀"，自己从来没磨过，一直掌握不好手感。师傅告诉他这个步骤急不来，就得多练。潘从明很听话，就一遍一遍地练。

纸上得来终觉浅，绝知此事要躬行。实习的一年时间里，潘从明从小处着手，通晓了基本机械加工工艺，掌握了机床、电钻、老虎钳等工具的操作，学习了车床、铣床等机械装置的操作方法。车工、铸造工、铆工、电工、钳工、焊工……这些工种他都尝试过，他是实习期内掌握机械厂工种最多的实习工，人称"百变小潘"。

人生因为有了转折才有了截然不同的风景，因为有了经历才开启了新的故事。别留恋过去，大胆翻过这一页，就会遇见更好的自己。

⊙ 1995年，在金川公园散步时留影

第四章　"生瓜蛋子"初入铂族世界

山重水复疑无路

柳暗花明又一村

金川往事

铂族金属，又称为铂族元素，包括钌（Ru）、铑（Rh）、钯（Pd）、锇（Os）、铱（Ir）、铂（Pt）六种金属元素。铂族贵金属被誉为"工业维生素"，是几乎所有新兴行业不可或缺的金属族类，是稀有的战略性新型材料。人类发现和使用铂族金属仅有200多年的历史。1888年加拿大首次发现含铂族金属硫化镍铜共生矿，而后，南非、美国等国家也相继完成了该资源的勘测与开发。铂族金属冶金工业顺势而为，于20世纪20年代逐渐建立、发展起来，其应用领域也随着时间的推移不断得以开拓。

1949年前，我国没有任何关于铂族金属资源自主开采、生产、加工应用的记载，经济建设与国防建设所需的铂族金属原料、材料和元器件一直完全依赖国外进口。新中国成立后，供给逐渐被"压缩"进而中断，自力更生，建立属于自己的铂族金属冶金工业已势在必行。

龙首山位于甘肃省永昌县境内。1958年，山下意外发现的一块核桃大小的"孔雀石"，点燃了我国镍钴工业的希望。这座在戈壁滩上沉睡了亿万年的宝矿被我国地质工作者的探矿锤迅速唤醒，神秘的面纱背后隐藏的是全世界都极为罕见的以镍为主的有色金属共生矿。第一代金川创业者们怀揣着满腔热情，从全国各地涌向龙首山，探索着中国镍钴金属工业之路。不惧风沙与严寒的工人在特殊的地理位置、恶劣的生态环境、口粮严重不足的条件下硬是足足坚持了7年。这7年，他们时刻面临着冻死、饿死的风险，背冰化雪充饥，刀劈斧凿采矿，让缺镍少钴的标签不再属于祖国。

1965年，依托金川镍矿，第一批铂族金属得以成功提炼。8.4763公斤，这精确到小数点后四位的数字承载着无数人的辛劳和憧憬。中国金川铂族金属工业发展的大幕自此揭开，世界各国为之震惊。一家外国报纸曾经这样报道过："在中国的西北部，出现了一座提炼铂族金属的简陋工棚！"谁也未曾想到，就是在这简陋的工棚里，金川人又继续投身于铑、锇、钌、铱的提取，并于1968年8月26日，产出了品位达90%的金属铱。金川镍矿中所含铂、钯、锇、铱、钌、铑、金、银等贵金属元素的提取全部成功，改变了我国铂族贵金属长期依赖进口的局面。

1966年，邓小平同志在视察金川时由衷地赞叹道："金川矿产资源是个不可多得的'金娃娃'，是国家的'聚宝盆'！"

金川这段坎坷却又熠熠生辉的往事在几十年间不断被提起和讲述，不为别的，只为铭记与鞭策。金川的发展，是中国科技的进步；金川精神的传承，是一代代金川儿女"艰苦奋斗、务实奋进"的崇高理想。肩负责任、产业报国，如今这沉甸甸的接力棒已经传到了以潘从明为代表的年轻产业工人手中，他们将如何薪火相传、再创新路？"铂族世界"的大门已开启，愿君心之所向，素履以往。

初出茅庐

1996年，潘从明从技校毕业走进了金川公司。上岗前一天，他一遍又一遍地读着"金川往事"。荣誉感、使命感，还有对未来工作的期待，几股复杂的情绪填充着他的大脑，他隐约感觉到，告别了十年磨一剑的求学路，一段新的征程即将在自己脚下展开。

走上岗位第一天，潘从明第一次真正认识了"贵金属"，那个时候他才知道，原来世界上还有比金银更稀有、更珍贵的金属，而这些金属之所以被称为贵金属，一是储量少，二是提取难，三是用处大。比如钯，在地壳中含量只有一亿分之一，铑、钌、锇、铱在地壳中的含量更少，只有十亿分之一。大部分铂族贵金属都是从镍矿石提取镍金之后的废渣中产生的，99.99%是铂族贵金属出厂的标准纯度。镍矿废渣里的铂族贵金属含量极低，提纯1克如此高纯度的贵金属需要用60多种化学试剂对至少5吨的镍矿废渣反复萃取。"单单生产一种铑产品，就要经过40余道工序，200多个技术控制点，所以你们必须用心学，每一步都不能出错。"岗位上的老师傅苦口婆心地说道。

"这么多步骤，万一要是记不清楚，错了怎么办？"和潘从明一起刚刚参加工作的同事问。

"错了怎么办？"刚刚还面容和蔼的老师傅顿时严肃起来，"你们要是了解贵金属为什么贵，就知道自己错不起了。20世纪五六十年代，咱们国家面临着严重的粮食短缺，在这样窘迫的环境下却不得不用73吨小麦、15吨对虾去换取国外的贵金属。然而，这些以吨计算的物品却仅能换回500克贵金属。我国贵金属储量仅占全球储量的0.39%，资源非常有限，你们错一点，贵金属就少一点，有时候就是这一点会令导弹、卫星上不了天，军舰下不了海，能错得起吗？"老师傅越说越激动，刚刚还窃窃私语的几人顿时鸦雀无声。

短短几句话，如醍醐灌顶般令身处其中的潘从明恍然大悟，又如警钟般在他的心头敲响，以至于在未来工作的几十年间，每当想到这段话，仍振聋发聩。这份工作的难度和重要性远超一个年轻工人的想象，看着老师傅手边厚厚的技术操作规程，潘从明暗暗定下目标：一定要好好工作，让贵金属"贵"得有意义。

对初出茅庐的年轻人来说，一个企业的精神与文化就如同一束光，潜移默化地激励着他的成长，无论是金川创业者们的敢为人先，还是身边老一辈职工的兢兢业业，都如同海上的灯塔，指引着潘从明这艘小船前进。面对着时间紧、任务重的工作，老师傅们从来都是任劳任怨，即使几天几夜不休息，也没有一个人掉队。卖力、肯干、细致，这些都是潘从明心里给老师傅们的代名词。从"天宫"升空到"蛟龙"下海，从"天眼""悟空"到"墨子"、大飞机，一个个大国重器，都离不开贵金属。

"有一天，我一定也能从堆积如山的矿渣中点石成金。"潘从明带着年轻的梦想即将扬帆远航。

"蒸蒸"日上

在技工学校学习的三年时间里，潘从明打交道最多的就是铸造机械、造型材料和熔炼设备，他压根没想到自己工作的第一天竟然会被分配到与铸造专业"毫不相干"的蒸馏岗位。面对着工作台上的烧杯、坩埚和蒸馏反应容器等各种瓶瓶罐罐，潘从明一时之间不知道该如何下手。可是要想掌握贵金属冶炼的"真本事"，湿法流程是最基础、最不可缺的工艺。"不会那就学。"多年的求学之路，潘从明始终不缺的便是勤学苦练的精神。

当时，带潘从明学习的师傅名字叫马伟良，是个有着20余年工作经验的老师傅。刚开始的时候，潘从明只能在一旁默默地看师傅工作。师傅可真厉害呀，洗烧杯都能洗出"花儿"来。那些大大小小的烧杯仿佛是师傅手底下训练有素的士兵，对他的命令那是绝对服从。眼看着师傅一手旋转着烧杯，一手打理着上边的污渍，潘从明心想：这可比书本上的知识有意思多了。

可是，当潘从明真正上手接触烧杯的时候，他才知道这套看似简单的洗烧杯流程和"有意思"没有一点儿关系。在师傅手里听话乖巧的烧杯到了自己手里就成了"叛逆少年"，"叮""咣"

声音一出，潘从明的心也跟着一紧，好几次，滑溜溜的烧杯趁他不注意从手里"挣脱"，一不留神就粉身碎骨了。看着一地的碎碴儿，潘从明既心疼又心焦。"别害怕，大胆试。"师傅的一句话让潘从明重燃了信心。这回他再看师傅操作的时候，就不是以一种"看热闹"的心态了，他的两只眼睛紧盯着师傅的手，心里默默地记着师傅每一个细节动作。

知之者不如好之者，好之者不如乐之者。很快，潘从明就在师傅的指导下掌握了蒸馏工序的基本工作步骤，那些瓶瓶罐罐在他手里不仅自动调成了"静音模式"，而且能够"各司其职"。

"潘从明，你那个蒸馏岗位难吗？"中午吃饭的时候，几个一起入厂的工友互相询问着彼此的岗位。"还行，操作上基本没问题了，最近我还在学习物料配比和一些化学方程式。你呢？""我那个岗简单，现在师傅都不怎么管我了。"其中一个工友沾沾自喜道。"我也是，现在都能独立操作了。"……听着工友们一个个分享着"喜讯"，潘从明为他们开心，也心想着：或许再过一段时间我也能独立顶岗了吧。

大约两周之后，赶上师傅公休，蒸馏岗位就剩潘从明一个人了。临下班前，马伟良拍了拍潘从明的肩，"如果有事就到办公室打电话给我。""知道了，师傅。"潘从明信心满满。

这一天的每分每秒对于潘从明而言都是极其难忘的。

以往许是师傅在，潘从明心里有底，所以干起活来井井有条。今天，就他一个人"单打独斗"，这边观察着试剂加入量，那头又要随时检测蒸馏情况，还得及时切换阀门，那真是忙得不可开交。眼看着到了下班点，潘从明擦了擦一脑门子的汗，打算为夜班准备化学试剂。就是这袋试剂，让潘从明至今想起来还在"后怕"。

一袋25公斤的试剂对于从小干农活的潘从明来说并不沉，他两手一提，拎起来就走，一边走还一边想着怎么和师傅汇报今天的工作情况。结果在上楼梯的过程中，脚下一滑，手上松了劲，"啪"，没等潘从明反应过来，整整一袋试剂砸在了他的脚背上。说疼不疼，说害怕那是真害怕，还好这是一袋包装完好的试剂，这要是换成玻璃瓶装的强酸强碱性试剂呢？那自己的脚……潘从明不敢往下想，后背瞬间冒出了冷汗。他再次拎起试剂，无比认真且谨慎地走回了工作台。

可能在许多人眼里，这是一件意外发生的小事，可在潘从明的心里，它却生了根。"是啊，就如同入厂时老师傅说的那样，贵金属的冶炼工艺需要用心，这个用心要体现在方方面面。要专注，每一小步都很重要，就像当年自己算数学题一样，一个步骤就能改变一道题的答案。"不积跬步无以至千里，在学习蒸馏工序的过程中，潘从明不断总结，不断进步，每一日都有新收获。很快，他就从年轻工人中脱颖而出，成为一名合格的精炼工。

立业成家

1998年初，潘从明成为班组最年轻的岗位长，开始负责岗位的生产、设备、技术等方方面面问题的处理。这是对潘从明能力的认可亦是挑战，因为参加工作时间短，起初有几个同事对于他被委以重任这件事并不服气，甚至猜测潘从明是不是走了后门儿。对潘从明布置的工作，他们也是左耳朵进右耳朵出。潘从明从不解释，因为他相信"行动胜于言语"。慢慢地，大家发现，这个岗位长虽然年龄不大，但技术能力确实过硬，而且在遇到难题时，不仅主动冲在第一线，还能保持冷静的头脑分析问题、解决问题。跟着这样的岗位长干，何乐而不为？

虽背井离乡，但潘从明内心无时无刻不记挂着父母，常常给父母写信、打电话汇报自己在金川的生活、工作情况。听说儿子工作稳定并小有起色，潘竟河和王玉英打心眼儿里高兴，但同时他们也开始为儿子操心起另一件人生大事——结婚。

古人云：成家立业。但对于土生土长的农村娃来说，如果没有事业，那成家便是个难题。看着身边的同学、朋友都陆续步入了婚姻的殿堂，潘从明既不着急又着急。不着急的是他相信"缘分天注定"，感情的事不能强求；着急的是自己得赶紧解决结婚前的现实难题——买房。

潘从明想要在当地安家，只能靠自己。父母年岁已大，本就没有什么积蓄，自己当时每月的工资也只有1000元左右，如何在偌大的城市中寻求到安稳停靠的港湾呢？想来想去，潘从明决定发挥自己的特长——写作。高中的时候，他就曾在报纸、杂志上发表过文章，如今时过境迁，再次拿起笔，文字里多了一分"历经风雨见彩虹"的笃定内敛，少了一分"挥斥方遒"的书生意气。

一次偶然的机会，潘从明听同事们闲聊起，矿山下边的小平房正在出售，价格公道合理。这是个好机会，潘从明赶紧算了算自己手头的积蓄：省吃俭用攒下的工资、兼职写稿赚的稿费，再加上自己主动加班的加班费、班组奖金等等，七七八八凑在一起已经够支付大部分房款了，剩下的一小部分怎么办呢？潘从明想了好几天，最终还是向要好的工友张了口，"我给你打个借条，三个月内我一定还清。"潘从明边说边在纸上写下了"借条"两个字。"不用，我相信你。这钱呀，借给你，我放心。"工友一把夺过潘从明手里的笔。

四月的天，太阳暖，风也柔软，燕子穿过微绿的柳条，翅膀掠过嶙峋的龙首山前。

买完房，落完户，潘从明的心里总算踏实了。他站在房前，看南归的燕子正在房檐下垒新窝。这个小平房虽然不大，更谈不上豪华，但潘从明却很知足，从此自己也有了遮风挡雨的落脚之地。而且这个小房子还有一个好处，那就是离单位近，以后有什么紧急的任务他都能第一时间到达。

1996年，在别人的介绍下，潘从明与姜小红相识，一个是国企产业工人，一个是教书育人的人民教师，对各自职业的热爱让他们有许多共同的话题。1997年，二人在亲友的见证下喜结连理，相约要相互理解，相互支持，携手为生活和梦想努力。

婚姻是什么？是我能理解你的辛苦，你也能懂我的不容易，有家，有烟火，更有笑意。成家多年，因为妻子的善解人意，潘从明在工作中从无后顾之忧。

⊙ 1997年，潘从明（左三）结婚时与家人合影

⊙ 1999年，孩子一周岁时和孩子留影

第五章　自学成才的"土专家"

书痴者文必工

艺痴者技必良

十万个为什么

　　1997年，还是新职工的潘从明每天要面对着铂族金属生产线上出现的各种各样问题：产品不合格、风机停摆、原料成分复杂……一系列问题如潮水般令潘从明目不暇接。有些问题他能轻松应对，有些问题虽短期内解决了但实际隐患还在，还有一些问题不得不请教他人。潘从明在不断发现问题、解决问题的同时也逐渐意识到了自身的短板——理论知识薄弱。

　　都说实践出真知。为了这些理论"真知"，潘从明就像个"小尾巴"一样天天跟在厂里的老师傅们后面，一有时间就向他们请教。那时候没有录音笔，他就在工作服兜里常备着一支笔、一个小本子，师傅们说的生产细节还有讲解的重点内容，都被潘从明记得一言不差，整理得详略得当。吃饭看、睡觉看，就连走路也要看上两眼，直到本子上勾勾画画的内容全部被自己"消化"掉，他才舍得把它放回兜里。白天，无论是哪个生产线的师傅讲解理论或演示过程，他都会在完成自己本职工作后凑上去听一听，"师傅，为什么要这么配比？""师傅，设备为什么会出现这种问题？""师傅，为什么……"

　　"烦，你真是要烦死我了！"潘从明的师傅佯装生气，"天天为什么、为什么的，你问我也就罢了，你看看厂子里的这些老师傅们，还有谁不知道你。我在这厂里干了这么多年，一直默默无闻的，这下好了，沾你的光出名了，现在都知道我带了个'十万个为什么'徒弟。"潘从明没说话，他知道师傅才不会真的生他的气。不过，师傅说得对，有些知识不能光靠问别人，也得问问自己。

潘从明没有系统学过贵金属冶炼技术的专业知识，因此当师傅们提到一些"专业名词"时，他常常是不知所云。20世纪90年代，网络还没有现今这么发达，想要查阅贵金属的相关资料，只能靠翻阅纸质书本。休息的时候，潘从明就往市里的图书馆跑，一待就是一整天，有些书第一遍看不懂，他就看第二遍、第三遍，直到看懂为止。师傅、工友们见他如此好学，也会把自己的书分享给潘从明。每次他都视若珍宝，恨不得藏在怀里，生怕弄脏、弄坏了。结婚后，除了家里的日常开销，潘从明剩下的工资也都用来买书。看着台灯下如痴如醉地学习的丈夫，妻子姜小红笑道："咱姑娘离高考远着呢，你倒是先高考上了。"

《湿法冶金手册》《贵金属生产技术使用手册》《贵金属分离与精炼》《贵金属萃取化学》……短短几年时间，潘从明学"透"了120余本专业书籍，写下了30余万字的学习笔记，这些书和笔记摞起来有一米多高。那些厚厚的学习笔记中有知识重点、有名词解释，更有潘从明自己的想法和思路。"好记性不如烂笔头"，潘从明抱着咿呀学语的女儿潘晔君坐在书桌前自顾自说着，"知道爸爸为什么写这么多字吗？一是边学边写容易记住，二是以后要是爸爸或者叔叔阿姨再有专业上不明白的地方，都可以翻这个笔记，它可是个知识宝库。"

心虚根柢固，指日定干霄。虚心好学的品质和打破砂锅问到底的精神，很快就让潘从明有所"收获"。

有一次，生产到了关键的阶段，可此时物料成分却发生了变化，工人们沿用以往的处理办法并不奏效。这可怎么办？一时之间大家不知道该继续干还是先暂停。继续工作怕出现差错，停工又会影响生产任务，有人衡量着哪个更重要，有人跑着去找经验丰富的老师傅，而潘从明在旁边拿起了笔，开始了写写算算。"按照5.2公斤加。"在叽叽喳喳的慌乱声中，一个声音无比坚定地说道。旁边的工友赶紧拽了拽潘从明的衣角，"这都什么时候了，你可别乱出主意。""我不是乱说的，我是算出来的。""我们这些老工人都吃不准、拿不稳的事，你还算出来了？""是啊，要是算错了谁负这个责任？""我，我负责任。"潘从明的话语底气满满。"好，小伙子，那你给我看看你算的过程。"这时候经验丰富的老师傅来了，他接过写满计算过程的那张纸，仔仔细细看了一遍，"就按照他说的加。"

第二天，不出潘从明所料，指标非常成功，昨天还质疑潘从明的两个工友今天再看到他，言语间满是佩服。"十万个为什么"终于凭着自己的努力成为人群中"十万个答案"，而潘从明对于贵金属冶炼工艺学习的兴趣也一发不可收拾……

路灯下的朗读者

人在喜欢一件事情的时候，会迸发出强大的求知欲。潘从明深知，贵金属的提炼并不是"一蹴而就"的，50多种化学试剂、800多个化学方程式注定了这项工艺的复杂与精细。一个小错误、一个小疏漏都会导致宝贵的资源被浪费掉，而要避免这种情况的发生，最重要的就是具备专业且丰富的化学知识。

好在潘从明高中的化学底子并不弱，有一定的学习和积累，但也不得不承认，学校里所学的知识大多都在备考范围之内，专业的、深入研究性的化学知识潘从明并未涉猎过。为了弥补这方面的缺失，潘从明又开启了新一轮的自学模式。他先是用了一段时间把高中的化学知识再次"捡"了起来，而后就开始主攻大学化学知识。

彼时，18岁的潘从明常常幻想，如果自己考上了大学，那一定要报考他最喜欢的物理或者化学专业。此时，而立之年的潘从明一边"啃"着大学化学书本，一边将理论付诸实践，兜兜转转，他始终是那个不肯向命运屈服的人。

因为白天工作比较忙，潘从明只能利用下班后的时间学习。有时候遇上加班，回到家再捧起书本的他就有些心有余而"脑"不足了。有些知识点记不住，他就一遍一遍读出来，想要通过朗读加强记忆。那时候，妻子姜小红工作也不轻松，常常在夜里备课，他怕影响妻子，就极力控制自己的音量。有一次，妻子开玩笑地对潘从明说："你知道吗？我现在觉得你像唐僧，我像孙悟空，你在一旁一念'咒'，我的脑袋就被你封印了。"总不能因为自己要学习就影响妻子的工作吧！潘从明想了想，拿起一个小板凳，走出门坐在了家门口，可是刚坐下他又犯难了，在这儿朗读妻子是听不着了，但邻居们可能就要被打扰了，不行不行，还是得想想其他的办法。

从单位回家的小路是温暖且治愈的，昏黄的路灯下，潘从明骑着自行车，车轮轧过一个又一个灯影，把他的影子也拉得很长。路上的人不多，反倒增添了一份静谧。清浅的时光里，潘从明还记得路口总有一个摆书摊的老大爷，他从不吆喝，而是静静地等待着有需求的人。潘从明有时也会去书摊转转，买一两本自己需要的书。临走前，在路灯下学习的小孙子总会很有礼貌地说一声："叔叔再见！"

是啊，小朋友可以在路灯下学习，为什么我就不能呢？潘从明如是想着。

就这样，每天吃完饭后，潘从明便捧着一本书出门了。一开始妻子以为他是出去转转，但直到深夜也不见人回来，就赶忙出门寻找。只见路灯下，丈夫潘从明正"忘我"地朗读着。这一幕深深地印在了姜小红的脑海中，后来女儿长大了问妈妈："你是看上我爸哪一点才决定和他结婚的？"姜小红笑了笑，"你爸做事总有一股不服输的劲儿，跟着他一起生活你会觉得整个人都是向上的。"

在路灯下学习的最初几天，潘从明也放不开，有人经过时他就把书藏起来或者是假装路过立马走两步，但是后来在妻子的支持下，他也觉得在路灯下读书一点都不丢人，大大方方朗读反而得到了许多人的敬佩。

寒来暑往，整整5年，1800多个日夜，潘从明在路灯下朗读了一本又一本化学专业书籍。夏天，他一边拍蚊子一边大声地读；冬天，他跺着脚、搓着手也不肯放下拿起的书本，赶上下雪，回到家的他一夜就"白了头"。

古有匡衡凿壁借光，今有从明路灯夜读。理论知识的不断丰富，犹如给种子提供了沃土一般，使潘从明迅速从一名普通工人成长为贵金属冶炼的行家里手。金川集团的人才理念是"适者为才，人尽其才，尊重价值，多元激励"，因此，集团每年都会举办一次职工技术大比武。这一年，潘从明也报了名。

"潘从明？"厂子里的老师傅一眼就认出了他，"你怎么在这儿？""我来参加大比武。""你这孩子，凑这热闹干吗？这要是不及格可是要扣钱的。""我知道，但我还是想来试试。""真是初生牛犊不怕虎啊！"老师傅摇摇头，这些年他还从未见过刚来上班就敢参加职工大比武的年轻人呢，因为在他们眼中，这里一直都是老师傅们的"战场"。

举目四望，潘从明在队伍里确实有点"扎眼"，不过接下来的理论问答和实际操作，他的表现更为"扎眼"。"这小伙子行啊！"有的老师傅忍不住赞叹。那一年的职工技术大比武，潘从明取得了"贵金属精炼初级工优胜者"的荣誉称号，而这个称号，他一"连任"就是12年。

人生有多少个5年，我们能像潘从明一样不顾外界的眼光，只专注于自己想做的事？人生又有几个12年，我们能如潘从明一般将一门手艺学精、学细，保持极致？吾日三省，常思己身。

工艺设备两手抓

1998年底，潘从明从岗位长被提拔为蒸馏粗分班的副班长，专门负责生产技术工作。当时贵金属的回收率高不高主要就看蒸馏置换得好不好，因此，潘从明格外重视这方面的工艺和生产流程。可是刚上任不长时间，他就发现同一班次的几个工人在工作的时候漫不经心的，没等他抽出时间找几人私下唠唠呢，这几个人就气冲冲地来了。"潘班长，这活没法干了！"潘从明一头雾水，"怎么回事？""怎么回事？本来每个班次定的生产指标就不一样，结果还整什么考核，天天考天天考，考不过就扣工资！"几人你一言我一语，"潘班长，不瞒你说，我们好多人都不想干了。""准确地说，是不知道怎么干好了。"

潘从明心里想对他们说的是，出了问题应该多从自身找原因。但他觉得这话直接说出来不妥，自己刚刚成为副班长，这样的话容易让别人觉得自己在"摆谱"，再说工人们也确实都有自己实际的难处，如果换种方式让他们意识到对待工作不能马虎，那岂不是一举多得？

"这样吧，"潘从明看几人情绪稍稍平缓了些，"咱们去车间转转。"转就转，几人不服气，看这个潘班长能"转"出什么办法来。

"无论是定指标还是考核都是想让大家按照标准流程规范化生产。这样，我做一遍，你们给看看行不行。"潘从明本想着用行动让大家发现问题所在，可没承想几人根本就没有理解他的"良苦用心"。"潘班长，按照你这样操作就是合格的呗？""我们都是这么做的。""是啊，是啊，怎么到我们这儿就不行了？"

"那你们谁做一遍？大家一起看看。""做就做。"其中一个人挽了挽袖子。配合着他的操作，潘从明在一旁耐心地讲解起来："大家看，他是开始搅拌加入试剂，我刚刚也是开始搅拌加入试剂，但我们真的就是一样的吗？置换不是简单的一加一，而是有诀窍的，它要在一定酸度条件下升温进行反应，我把反应温度控制在釜内有热气，这个温度就刚刚好。同时，我还根据母液的酸度计算后才加入液碱，所以酸度也刚刚好。"操作的工人不相信，拿起手边的温度计就测，结果一切还真是"刚刚好"。"潘班长，你确实厉害！"方才还气势汹汹的几人瞬间就服气了。自此以后，大家干起活来都规规矩矩，谁也不敢在生产流程上"缩水"了。蒸馏置换的生产指标提上去了，自然就不用再因为考核而烦恼，工人们越干越起劲儿。

"小潘，咱们班组最近的生产任务一直完成得不错，你的功劳很大。但是这设备管理部门的工作一直不太令人满意。你呢，人聪明又愿意研究，所以我们领导班子商量了一下，想把你调去设备管理那边当班长，也算是多方面锻炼锻炼，你觉得呢？"早会后，领导把潘从明单独留下谈话。"我听组织的。"潘从明虽然很喜欢生产部门，但他也知道如果设备管理跟不上，那生产确实也会受影响。

听说潘从明去了设备管理部门，有几个要好的工友真心为他高兴，"管设备是个闲差，这回你有时间好好看书了。"可是实际情况真是如此吗？如果说生产部门是"群战"，那设备管理部门就是"单打独斗"，常常是手下没有"兵"，潘从明亲自干。

设备就和人一样，时间长了，难免有个"头疼脑热"，尤其是在强腐蚀环境下，今天这里漏了，明天那里"罢工"了，潘从明忙得是一天到晚手不离工具箱。有的设备别说修了，他看都没看过，怎么办？研究呗。他一个零件一个零件地拆开，对着图纸细细比对，用了好多时间和精力才摸清了这些设备的"脾气秉性"。冬天，零下二三十度，液体管道结晶那是常有的事，潘从明穿着棉大衣在室外检修。可在室内更换阀门时，由于管道壁内的空间狭窄，他又不得不脱掉大衣，穿穿脱脱，脱脱穿穿，这折腾来折腾去潘从明也"头疼脑热"了，可是他从不停工。"老潘……""在呢。"

"有问题找老潘。"这是当时潘从明班组里的一句流行语。"老潘是谁？"有人问。"老潘啊，就是那个戴着眼镜、身材清瘦、言语不多、解决问题一把好手的潘从明啊！"

"铁饭盒"事件

在正式走上工作岗位的第一天，潘从明就许下过"豪言壮志"——6个月掌握钯精炼工序、9个月掌握铂精炼工序、1年掌握蒸馏工序……时间很快来到了千禧年，曾经立下的目标都被潘从明一一实现。

贵金属提炼工艺就像一座山峰，攀登到不同的位置，就需要克服不一样的困难。当年，在担任铂钯铑铱生产岗位长时，潘从明就遇到过这样一个令人费解的难题。

当时，根据集团的生产要求，每生产一批次的产品都需要先取小样进行化验分析，合格后方可入库。否则，只能根据分析结果进行返工，费时费力不说，每一次返工都会损失价值几十万元的贵金属。而在这其中，铂、钯的精炼是把控产品质量的关键环节，需要完成99.99%纯度的海绵铂、海绵钯的产出。一直以来，为了确保产品质量稳定，潘从明都是调任班组生产经验最丰富、责任心最强的老师傅们负责这项工作，铂、钯产品质量也一如既往地稳定合格。可就在这一年，十一国庆节刚过，一份从化验室返回的结果彻底打破了往日的平静。

"岗位长，咱们前几天生产的5个批次的海绵铂、海绵钯产品都不合格，都不能入库。""什么？！"潘从明不敢相信自己的耳朵，这是他从业以来从未发生过的情况，"5个批次都有问题？化验结果呢？给我看看。"工人连忙递上，"铁元素超标，5个批次都是，怎么会这样？""这回怎么办呀？"工人也急得团团转。"这样，你先去生产线把负责铂、钯精炼的老师傅们都叫到办公室，大家一起研究研究，找到问题前，先不要开工。"

就这样，从白天到黑夜，从生产记录到操作规程，甚至就连现场环境卫生是否合格、门窗缝隙是否紧闭这些细枝末节都被大家从头到尾检查了一遍。熬了好几个通宵，仍旧没有发现纰漏或者异常的情况。"到底问题出在哪儿呢？"潘从明百思不得其解，一时之间，产品不合格的问题就如同一桩悬案，令所有人束手无策。

找不到答案的潘从明茶饭不思，一遍一遍翻着生产记录。这天中午，工人们陆续从食堂打饭回来了，看到潘从明一个人还坐在工作台上，便忍不住喊了他一声："岗位长，到吃饭点了，要不我先给你打点饭菜回来？""不用了，你们先吃。"此时的潘从明心里、脑子里都是那5个批次的铂、钯产品，只要让它们合格了，别说不吃饭，就是不喝水都行。

"岗位长，你都已经好几天没睡好觉了，再不吃饭身体会垮的。""是呀，今天中午有肉包子，要不我给你打两个？""先吃我的吧！""吃我的！"一个个铁饭盒瞬间递到了潘从明的眼前。铁饭盒？潘从明突然想到了什么。他快步走到了过滤槽旁边，果然有几个工人的铁饭盒就放在槽边上。"这是谁的饭盒，快拿走！"工人们还不明白发生了什么，不明就里地赶忙端起了饭盒。"难不成是看咱们吃饭他生气了？""不能，岗位长不是那样的人。"人群里有人小声议论着。"我知道了，我知道了，我终于知道为什么铁元素会超标了！"此刻的潘从明开心得像个孩子，"就是因为这个铁饭盒。""铁饭盒？""咱们这个过滤槽蒸腾出来的是什么？是酸气。而铁饭盒离过滤槽这么近，很有可能是酸气腐蚀了铁饭盒从而使铁屑掉落。咱们肉眼虽然发现不了，但对于产品来说，一丁点儿的铁屑就足以改变它的质量。""是啊！我们怎么都没想到呢？"工人们赶紧收拾起饭盒，并打开蒸馏水阀，将过滤槽中的产品洗了又洗。

此后，海绵铂、海绵钯产品再也没有出现过铁超标而导致产品

⊙ 铂、钯产品铁超标的"罪魁祸首"（岗位人员使用的铁饭盒）

不合格的情况。这次的"铁饭盒"事件，也成为贵金属生产操作规范化的经典案例。"你们知道对于贵金属提纯工作来说，最重要的是什么吗？"在后来的新员工培训会上，潘从明问道。"是工艺。""是技术。""是理论。"……"你们说得都对又都不对。一件大事，都是由一件件小事支撑起来的，那些看似不经意的细节，才正是决定成败的关键。"

有舍才有得

20世纪90年代，不同行业的工厂职工都拥有着同一个梦想，那就是聘干！聘干是聘任制干部的简称，指的是国有企业聘任本单位工勤人员在干部岗位上工作。员工一旦聘干成功，不仅个人身份会从工人转变为干部，就连工作内容也会变得轻松、体面得多。"有机会你一定得把握住。"哥哥潘明辉是过来人，他总是叮嘱潘从明千万不要错过单位聘干的机会。"成了家就不比一个人的时候了，你得为将来考虑，不能总在一线当个工人吧。"潘从明觉得哥哥说得有理，而立之年是该好好奋斗一番。于是，在厂里下达新一轮聘干通知后，他就开始认真琢磨各个岗位，积极准备，打算升职加薪。

研究来研究去，潘从明最终选定的应聘岗位是厂里的宣传干事。他看中了这个岗位需要写文章，想着既然不能在一线工作了，那起码也要选择一个自己志趣所在的岗位。专业技能考试、业务水平考察、宣传稿件撰写，这些内容对于潘从明来说都不在话下，整个考试过程分外顺利。可就在即将公布结果的前几天，潘从明却突然寝食难安起来。"没事的，从明，哥相信你，一定能过关斩将，成功聘任上这个岗位。"潘明辉在电话里安慰道。但其实他不知道的是，弟弟此时内心纠结的并不是能不能成功，而是自己真的要离开生产一线去做一个别人羡慕的轻松工作吗？

没有人因为平凡而注定平庸，如果没有细小流水的日积月累，那江河大海何以汇聚？如果没有平凡岗位的平凡付出，那国家的基层事业又如何能够运转有序？潘从明想到了凌晨忙碌的环卫工人，想到了大雪中执勤的警察，想到了夜以继日备课的人民教师……思来想去，他最终还是放弃了聘干的机会。因为比起宣传干事，他更希望自己能够在一线发光发热。这个决定不仅哥哥潘明辉不理解，就连潘从明周围的好多工友都觉得不能理解。工友们觉得老天把馅饼都掉进潘从明的嘴里了，他硬是给吐了出来。潘从明有自己的想法，他觉得只要脚踏实地做好本职工作，以钻的精神、挤的韧性、活的思维、实的态度立足岗位，终有一天普通工人也可以出彩。而且他也相信金川集团对于人才的培养不会只局限于中上层，一线员工同样有均等的机会去实现梦想，与企业共同成长。事实证明，潘从明是对的，他的"幸运"来自于对个人理想与抱负的坚定，来自于对集团的信任和对集团未来前景的认可，更来自于时代对砥砺奋进劳动者的歌颂与嘉奖。"我感恩这个劳动光荣、创造伟大的好时代！"后来的潘从明常常这样说，"作为一名一线产业工人，能够为实现国家贵金属高质量发展而贡献青春、智慧和力量，我深感骄傲和自豪！"

第六章 "创新达人"永无止境

会当凌绝顶

一览众山小

借我一双"火眼金睛"

> 贵金属冶炼工艺每前进一步，就意味着我们国家的资源
> 会少浪费一点。
>
> ——潘从明

20世纪90年代，贵金属的生产工艺仍以人工操作为主要实现形式，从原料倒入到搅拌溶液再到漏斗过滤，都需要工人们搬来倒去，来回摇晃。潘从明始终记得，自己刚走上工作岗位的时候，师傅曾经说过："贵金属生产是个良心活。"可即使付出了辛勤的劳动，如若产品质量不合格，那一切都将前功尽弃。1999年，铂精炼岗位一年生产的16个批次的铂产品，就有9个批次不合格，而每年因产品不合格被迫返工损失的铂近3000克，价格高达几十万元。

是什么原因导致过半的产品质量出现问题？领导把潘从明安排到了铂钯岗位进行跟班作业。看到工友们不舍昼夜得来的劳动成果被否定，同为一线工人的潘从明心里也十分难受，"我一定要解决产品质量问题，从根源减少返工所带来的损失，让大家降低劳动强度，减少单位的损失。"

在接下来数月的跟班作业中，潘从明事事亲力亲为，赏罚分明。多少原料添加多少化学试剂、搅拌要达到什么程度、过滤时要铺垫几层滤纸……他从细节抓起，严格把控工人们生产的每一个环节，仅用一年时间就使铂钯产品质量全部合格。而在这个过程中，潘从明也意外练就了"察颜观色"的绝活。

创新的萌芽产生于一次偶然的发现，在贵金属精炼的过程中，潘从明敏锐地捕捉到了每批贵金属料液颜色的细微变化。当时，金川集团的生产要求是每批贵金属产品入库前都需要经过化验分析，可有时化验分析效率跟不上，就会直接影响生产周期。"既然每一批物料中杂质的含量是不一样的，那么可不可以通过颜色来判断杂质的多少呢？"潘从明想着。为了验证自己的想法是否可行，他每天下班后都会认真总结当天料液的颜色变化情况。

带着心中的问号寻找答案的过程是漫长的，转眼一年时间过去了，潘从明的本子上密密麻麻地记录了每一天料液的颜色变化。有了一定的实验数据作基础，接下来就是分析归纳的阶段了，可是这么多颜色该如何区分呢？正当潘从明一筹莫展之际，女儿的画给了他突如其来的灵感。"是呀，我可以把这些颜色画出来，做成比色卡，那接下来就可以比对验证了。"说干就干，潘从明立马借用女儿的彩笔画起来，刚开始特别顺利，可画着画着问题又来了。彩笔虽然颜色多，但并不是一应俱全的，有的颜色彩笔也画不出来。没办法，潘从明只能尝试用不同的颜色自己"调和"。

看着原本一尘不染的家现在到处散乱着被丈夫画得五颜六色

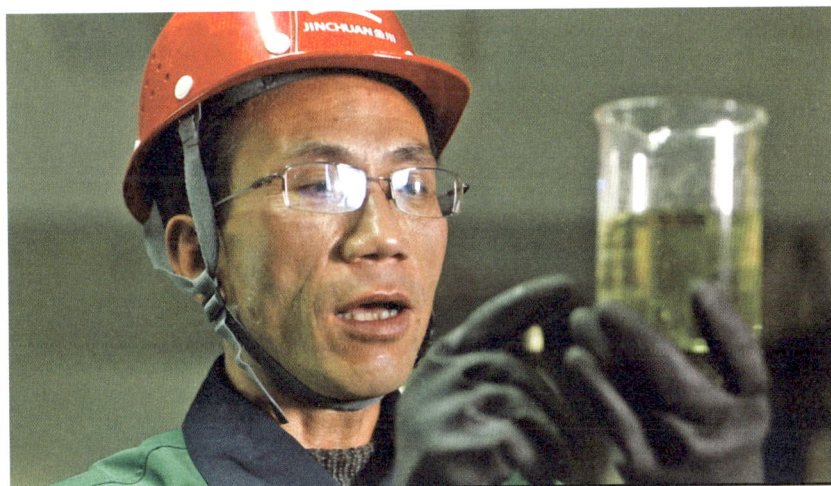

⊙ 上图 贵金属精炼过程中细微的颜色变化
⊙ 下图 潘从明观察溶液颜色

的纸条，姜小红有些生气了，"咱姑娘从小到大都没把屋子整这么乱过，你一个大人，把屋子弄成这样，我看呀，你就卷铺盖到单位去画吧！""我收拾，我现在就收拾。"潘从明说着，手中的画笔却没有停。

每一道工序，都是一次新的尝试；每一个细节，都需要更为精深的孜孜探寻。经过三年多时间和前前后后2000多次试验，潘从明终于练就了一双"火眼金睛"，能够通过颜色精准判断贵金属的纯度是否达到标准。

"我不信，他的眼睛又不是显微镜。"自从潘从明和领导提出了"颜色判断法"后，陆续有工友质疑它的准确性。"这样吧，小潘，你给大家演示一遍。"领导也想亲眼看看潘从明的绝活到底有多厉害。凝神、静心、观察，潘从明熟练地完成精炼流程后，拿起了身边的比色卡认真对照着，"这个颜色说明已经合格了。"他笃定地说道。"好，现在就送去化验部，告诉他们，这个加急。"

三天后，化验结果令所有人心服口服，99.994%的纯度，这完全符合贵金属产出的标准。"这个潘从明还真有两下子！"领导忍不住赞叹，"通知所有班组，从今天起全员学习潘从明的颜色判断法。"

当问到"颜色判断法"的应用原理时，潘从明认真地讲解着，"溶液中如果带有蓝色，那说明含有铜杂质；如果带有红色，说明含有铁杂质，就需要进一步精炼。你们看这个铂溶液，它原本杂质比较多，是红褐色，现在精炼除杂后就变成了深红色。还有这个铑的溶液，最初是暗红色，通过不断分离铱后现在

⊙ 上图 潘从明（左二）与同事研究铂钯铑铱溶液的高效分离

⊙ 下图 潘从明（左）与同事观察铂产品精炼过程产出的母液置换情况

⊙ 2022年，潘从明在"2021年度感动甘肃陇人骄子"活动发布现场

是纯净的粉红色……""观察溶液的时候不能着急,心要静,屏住呼吸,高度专注,仔细观察。"

"颜色判断法"的应用,使得原本提取6到7次的精炼次数缩减为2到3次,简化了铂族金属的精炼流程,更减少了贵金属过多提取带来的损失。

如今,潘从明发明的"颜色判断法"不仅在集团内部得以广泛应用,而且他这双"火眼金睛"也被"借"到了全国各地。2022年,潘从明荣获2021年度"感动甘肃·陇人骄子"称号,颁奖词中写道:"你靠颜色判断纯度,你用双眼节省消耗,在工业强省和现代化强国的征途上,无数像你一样的大国工匠持续探索,勇于创造,只为国家挺直脊梁,只为民族复兴梦想。"

长江后浪离不开前浪

  当我的创造、发明用到生产中,解决了现场的难题,我就觉得很高兴。我认为钻研技术、解决难题就是最大的乐趣。

——潘从明

时间调回2000年,当时的潘从明刚从蒸馏岗位转向他心心念念的"钯精炼"岗位。作为我国最大的矿产钯生产基地,金川集团钯冶炼技术水平的高低直接影响着战略物资保障的安全与否。

所以即使面对着日复一日枯燥、单调的生产流程，工厂里的老师傅们仍旧不敢怠慢。"钯的精炼周期比较长，每一步都得格外认真。比如说络合酸化作业，它对酸碱值的要求极为严格，所以在调酸碱值的时候一定不能分心，要仔细操作。"每来一个新人，老师傅就会不厌其烦地嘱咐一遍。

在接下来的实际操作中，潘从明才理解为什么师傅在提到"钯精炼周期长"时会忍不住叹气，因为铂钯在萃取分离后，需要多步还原、溶解等过程才能衔接后续的精炼。怎么才能缩短这个流程呢？有一次，潘从明在翻阅书籍时看到这样一则铜产品的冶炼方案：铜与氨水络合后，采用盐酸调整酸碱值，使铜氨络合物转化为氯化铜……一个大胆的设想在他的脑海里一闪而过，既然铜氨络合物可以用盐酸直接溶解，那么钯氨络合物呢，是否也可以按照这个方法"移花接木"？

再次进行络合酸化作业时，潘从明打破以往操作流程，调低了酸碱值，结果发现母液中的钯含量确实上升了。"师傅，你快看！"他把自己的猜想原原本本告诉了师傅。"没用的，贵金属的理化性质相对稳定，与大多数试剂几乎不发生反应，你看咱们溶解它，用的都是王水这样高强度的溶解剂。我都干了快一辈子了，从来没听说过谁用酸把钯盐溶解的。""可是，师傅……"没等潘从明继续解释，师傅就走开了。或许在师傅看来，想用酸溶解钯盐是"天方夜谭"，可谁又能料到，许多看似不可能的事情背后都潜藏着一个惊喜。

潘从明没有因为师傅的话而放弃，他利用空闲时间继续尝试往钯盐中加酸，然而实验结果确实如师傅所说，效果甚微。"一定会有突破的方法的。"潘从明不停地给自己打气，不断调整酸的加入方式、浓度还有温度。"师傅，师傅……"这天早上，师傅刚刚到岗，就看见潘从明兴奋地朝他跑来。"怎么了，出什么事了吗？""师傅，你快来看，酸化铵盐溶解了！"

看着眼前沸腾的溶液，潘从明的心就如同浪花拍打着海岸。谁能想到一个小小的改动，就极大地简化了钯精炼流程，颠覆了沿用20年的传统生产流程。

穷理以致其知，反躬以践其实。潘从明看书从不浮于表面，而是取精用宏，思考如何能将理论应用于实践。钯精炼流程简化后，他又开始研究铂钯萃取工艺。

当时，铂钯萃取的主要原料是提取黄金后产生的剩余溶液，因为上游提取黄金的需要，所以剩余溶液整体酸度比较高，无法直接萃取，只能采用传统化学沉淀法提取。

潘从明和同事们一直致力于寻找能够代替化学沉淀法的萃取工艺，因为化学沉淀法不仅金属回收率低，而且存在一定的二次污染，并不是长久之计。一开始，大家决定从原料入手，在剩余溶液中加入氢氧化钠、氢氧化钙、碳酸钠、氨水等碱性物质进行中和，从而降低酸度，减少杂质，但是尝试了很多次，要么除杂效果不理想，要么会导致贵金属流失。

"要不还是沿用化学沉淀法吧。"有人提议。潘从明虽然没发表什么意见，但心里却执着地想改变这种现状。他大量收集与萃取工艺有关的书籍和资料，只要一有时间就不停地"做功课"。功夫不负有心人，20世纪90年代，一本没有署名的笔记打开了他的新思路："铂钯铑铱的分离，常规金属的氧化还原电位

⊙ 潘从明在做工作笔记

是中性，溶解性较差，应重新挑选其他试剂。""是啊，我们一直考虑怎么让原料符合现有的试剂，却从没有想过更换新的试剂，让它们来适应剩余溶液的酸性。"潘从明恍然大悟。

什么化学试剂既能达到沉淀分离的作用又能具备溶解性好、还原性适中的性能呢？为了寻找到合适的试剂，潘从明和技术骨干团队一起踏上了求索之路。他们查阅资料、请教专家、调研国内外同行企业情况，吸纳来自各方的宝贵经验，制订了上千种实验方案……

120个日日夜夜，潘从明和同事们吃住在一起，只为攻克难关。星光不负赶路人，最终，他们筛选搭配出了合适的试剂和与之匹配的工艺，成功实现了铂钯铑铱绿色高效提取。

创新，从来都不是对传统的"弃之如敝屣"，而是取其精华与新的实践要求结合，在二者新的化学反应中凝聚不断前进的力量。

滴滴点点来源于点点滴滴

技术创新没有尽头，只有更好没有最好。

——潘从明

2009年之前，金川集团一直采用传统的铜粉置换工艺从原料

⊙ 潘从明在检验产出的第一批重质钯粉产品

溶液中分离铂钯和铑铱，因为后续精炼过程中铂钯互含高、铁含量超标、精炼次数特别长等原因，潘从明和同事们尝试更换新的还原剂和工艺。

在多番论证之下，潘从明发现，生活中常见的维生素C不仅可以用作食品、药品行业的抗氧化剂，而且也是他们一直以来寻求的最佳还原剂。其自身温和的还原性，完全符合使用要求。

那么，潘从明是如何发现维生素C神奇功效的呢？这一切还要从生活中的一件小事说起。

有一次，同事因病住了院，潘从明前去探望，无意间看到了病床前医生开的维生素C，潘从明有些不解，同事回答道，"医生说维生素有一定的还原性，搭配着一起吃，药效会被吸收得更好一些。"

潘从明回到家后，迫不及待打开电脑开始查阅维生素C的相关资料，他越看越兴奋，"太好了，真是踏破铁鞋无觅处，得来全不费工夫呀！"潘从明高兴地往车间走，他要和同事们一起去见证铂钯精炼工艺中又一次大胆的尝试。

苟日新，日日新，又日新。毫无疑问，潘从明是生活的"有心人"，而这份"有心"根植于永不熄灭的工作热情和百分之百的投入。"每一克贵金属都是不可再生的宝贵资源。"在这样的信念引领下，潘从明将生活的点点滴滴内化为学问，不断汇聚着新的创新成果。

千次实验终成高效炼金

把一件事坚持做下去，尽力做好，慢慢积累，自然会有回报。

——潘从明

"实验"已经成了潘从明人生中重要的两个字，只要人活着，实验就不能停。

还记得那是潘从明刚刚上班的时候，有一次回家，饭还没吃上两口，他突然放下碗筷，拔腿就跑。妻子姜小红一头雾水，想要追上去问问，可是丈夫已经跑没影儿了。原来是吃饭的时候潘从明还在回想着当天的工作，突然不确定自己关没关阀门，于是立刻跑去厂里确认一下。见到关闭状态的阀门后，他一颗悬着的心才放了下来。当时的潘从明每天奔波在家与工厂两点一线上，尽管忙碌但乐在其中。

后来，这种两点一线的生活随着潘从明的不断前进而"更新换代"，家还是要回，只不过另一"点"变成了实验台。说是实验台，其实就是一张两米见方的桌子，上面铺着一层黑胶皮，防止桌面被腐蚀。就是这样一个看似简陋的实验台却一次次承载起了潘从明的梦想和希望，也一次次见证着贵金属提纯工艺的创新巨变。

一天24小时，潘从明有近2/3的时间都忙碌在实验台上，有时为了尽快获得实验结果，他更是几天几夜不回家，啃着干馍、喝着凉水，守在实验室里。姜小红理解丈夫，也心疼丈夫，于是就常常带着换洗衣物和热腾腾的饭菜去看他。在攻克铂钯铑铱高效提取的实验中，潘从明有4个多月都住在厂子里，女儿想爸爸，姜小红就带她来到了工厂，可是当潘从明兴致勃勃地站在女儿面前时，潘晔君却一脸稚气地问妈妈："他是谁呀？"眼前的这个人头发乱蓬蓬的，脸黑黢黢的，衣服上沾满了各种试剂，和女儿心中干净斯文的爸爸判若两人。"我是爸爸呀！"这一刻潘从明心里酸酸的，为了工作，他亏欠妻子、女儿的已经太多太多。

对于丈夫工作上的各种专业理论和实践，妻子姜小红虽然不懂，但她也知道，只要是实验就存在着一定的风险。有一回潘从明在实验室进行钯的煅烧还原实验，他一边观察管式炉内通着的氢气，一边绘制着温度曲线。当温度稳定下来时，潘从明看了一眼手表，已经是第二天的凌晨了，咕咕叫的肚子提醒他昨天的晚饭还没吃，于是他就想着趁实验反应平稳期下楼垫一垫肚子。可刚走到楼下，就听见"嘭"的一声，"坏了！"潘从明的心里咯噔一下，撒腿就往楼上跑，看着浓烟滚滚的实验室，他扯过门旁的防毒面具就往里面冲，摸索着切断了管式炉电源和氢气阀门。姜小红知道后怒气冲冲地说："你傻呀，都多危险了，你还往里面冲，你要是有什么意外，我和女儿怎么办？"姜小红眼里含着泪。"好了好了，我这不没事吗？"潘从明安慰着妻子，"还好管式炉没坏，只是吸收尾气的管道崩开了，下次我可得好好盯着点。"

潘从明不知道劳累、不懂得害怕吗？此时他脸上的云淡风轻只是想让爱他的家人少一份担心。

尽管金川集团是全球唯一能够同时生产8种贵金属产品的企业，但它的铂族金属伴生矿含量却仅为国外的几十分之一，而且其中的杂质元素高达20多种。从金川镍矿渣中提取1克贵金属，要经过反复提纯精炼，直至剩余万分之一的杂质，稍有偏差就会功亏一篑。如果没有一套先进的铂族金属提纯工艺技术，铂族金属将无法从金川镍矿中实现回收，只能作为电解镍渣、阳极泥等工业废料被抛弃。

贵金属作为国家战略性资源，其核心提取工艺长期以来处于保密状态，因此，想要从国外引进新技术的可能性几乎为零。既然无从借鉴，那只能"无中生有"。工艺的创新与试剂的研发不同，前人可供借鉴的经验有限，要想探索出一套贴合现今乃至未来发展趋势的提纯工艺，只能靠实验。

2010年，潘从明开始担任稀贵车间提纯班班长，全面负责金、铂、钯、锇、钌、铑、铱7种贵金属的生产。在承担"金川铂族金属高效分离与精炼新工艺研发与应用"这一科研创新项目的同时，他更是勇挑重任，担负起打通贵金属全萃取工艺的重要任务。找症结、寻突破、苦研发，为了让金川贵金属生产工艺赶超国内外先进水平，潘从明把所有精力都用在了实验研发上。

2011年，潘从明带领技术骨干团队大胆改革，勇于创新，终于研发出了一整套可靠、经济环保的新型工艺方案。"银阳极泥中金铂钯高效提取技术"不仅彻底颠覆了沿用38年的传统工艺，解决了传统工艺对复杂贵金属原料适应性差等一系列难题，更填补了多项国内外空白，推动了我国贵金属冶炼技术向高、精、尖发展的进程。

而后，他又相继攻克了"镍阳极泥中铂钯铑铱绿色高效提取技术""复杂原料中铜贵金属协同高效提炼技术""铑铱高效分离与精炼"等三大技术难题，不仅提高了我国铂族金属关键基础材料的保障能力，推动铂族金属清洁、高效冶炼技术进步，更为铂族金属资源综合利用水平的提升提供了技术支撑，彻底改变了我国贵金属冶炼长期依赖国外技术的局面。

从业20余载，潘从明用43项发明专利、23（本）篇学术论著、200多项技术成果以及20多项省级、国家级奖项为自己的奋斗征程交上了满意的答卷。他本人在业内的知名度也越来越高，有不少企业想以高薪厚职聘请他，但都被他一一婉拒了。他说："我的心思都在解决难题上，总觉得工作还没干到位，还有很多项目等待着我去研发创新，没有时间考虑这个。"

⊙ 潘从明在进行铂族贵金属提炼过程中阿米巴成本收率指标核算

第七章 精益求"金"的追梦人

追风赶月莫停留

平芜尽处是春山

坚守的工匠梦

　　我的智商并不高，我也不是一个天生的发明家。回顾我这些年来所走过的历程，我是从自己的本职岗位出发，从小改小革起步，追随着企业的发展而逐步成长起来的。在巴黎荣获金奖时，我的心情很平静，因为我知道，金牌只不过是我前进路上的一份荣誉，真正使我动心、动情的，是我的发明成果能够为企业增效，为职工造福，为祖国增光。

——包起帆

　　连续5届获得"全国劳动模范"称号，2次获得全国五一劳动奖章的包起帆是潘从明心中的偶像，从码头工人到技术骨干、企业带头人、物流专家、国际标准的领衔制定者……包起帆在攻坚克难的路上不断创新、奋勇前进。1996年，为扭转企业困局，他开辟了我国水运史上首条内贸标准集装箱航线，这一创新是使我国内贸件杂货水上运输不再仅仅依赖散装形式的破冰之举，自此开辟了内贸水运的崭新天地。最令潘从明佩服的是，包起帆与同事们共同完成了130多项技术创新项目，其中3项获国家发明奖，3项获国家科学技术进步奖，19项获省部级科技进步奖，30项获巴黎、日内瓦等国际发明展览会金奖。"我什么时候才能像包起帆老师一样成为具有高技术水平和卓越创新能力的一线工人呢？"这是潘从明所追求的梦想，也是他为之努力奋斗的目标。

2011年，"银阳极泥中金铂钯高效提取技术"进入到了紧张关键的阶段——准备工业化试车，一旦试车成功就将投入试生产。潘从明和同事们内心此时既紧张又激动，这个项目他们前前后后投入了大量的时间和精力。在这期间，潘从明都没有睡过一个完整觉。可就在这时，一个消息让他的心情瞬间比灌了十斤铅还要沉重。

"大哥打电话我才知道，妈得了乳腺癌刚刚做完手术，正在化疗阶段。"妻子姜小红收拾着行李，她打算请几天假回去照顾照顾婆婆。"什么？怎么都没有人告诉我？""告诉你，谁敢告诉你？爸妈千叮咛万嘱咐不能耽误你工作。再说了告诉你有什么用，你现在能和我一起回去吗？""我……"潘从明一时语塞，"等项目试车成功了，我一定回去。"送走姜小红，潘从明一个人在车站站了许久。父亲身患肺病长期卧床，这回母亲又得了癌症，中国有句古语叫"子欲养而亲不待"，他多希望时间能倒退，让自己侍奉双亲的时间再长一些。"我上车了，不用担心。"看着妻子给自己发的短信，潘从明的心里更不是滋味。这些年来，每次老家有事，都是妻子第一时间赶回去。而他们的小家，无论衣食住行，还是生活琐事，包括女儿的学习一直以来都是妻子在全权负责，他从内心里感激妻子的付出。"我不是一个孝顺的儿子，也不是一个尽责的父亲，更不是一个合格的丈夫。"潘从明常常这样说。

得知他家里的情况，有工友劝他回家去看看，潘从明摇摇头，默默地走开了。他何尝不想拥有"家人闲坐，灯火可亲"的团聚？

⊙ 潘从明与妻子姜小红

可是现在项目已经进入到攻克难关的收尾时刻，作为第一负责人，他全程参与了项目的实验、改造，掌握着最完整的第一手资料，试车离不开他，只有他才能应对随时出现的问题。如果现在他离开了，万一出问题，这些奋斗的日日夜夜，这么多一起工作的同事，大家的心血岂不是要白白浪费？

没有那么多天赋异禀，追梦的人总在努力翻山越岭。

一线工作的宝贵经验加上严谨细致的工作态度令潘从明能够精准把控贵金属精炼提纯的每一个参数，完成关键工艺的优化创新，打通铂族金属全流程技术改进的难点。既显著提高了加工工艺对复杂原料的适应性，拓宽了国内企业对于上游复杂原料的采购渠道，提升了我国铂族金属关键基础材料的保障能力，又解决了原有工艺流程复杂、回收率低、污染物排放量大等问题，大幅简化了工艺流程，显著提高了铂族金属回收率，大大降低了污染物的排放量，推动了我国铂族金属绿色、高效提取的技术进步。2019年12月18日，由潘从明主创的"镍阳极泥中铂钯铑铱绿色高效提取技术"荣获"国家科学技术进步奖"二等奖，他也由此成为西部地区目前唯一获得"国家科学技术进步奖"二等奖的一线工人。

"从一步步创新到如今荣获'国家科学技术进步奖'，我觉得首先要有一颗恒心，要长期坚持不懈地学习、研究、积累，一以贯之地去做一件事，用心把事情做好；其次要有信心，要相信一线产业工人也能够做出一番事业，也能够成为时代、企业的主人翁，用信心为自己搭建事业的舞台，用信心推动自己前进的步伐。"回到金川的第二天，潘从明便如往常一样重返了生产一线，并将获奖后的真情实感与同事们进行了分享。

⊙ 上图 潘从明荣获"国家科学技术进步奖"二等奖的获奖证书
⊙ 下图 潘从明在国家科学技术进步奖颁奖现场

⊙ 潘从明在金昌市首席技师颁证仪式现场

虽然已经实现了走向国家最高科技领奖台的"工匠梦",但潘从明深知:荣誉不代表着"止步",而是催人奋进的新起点。当他把领奖当天的情景与家人分享时,大家说得最多的一句话就是让他多休息休息。当别人都在关心你飞得高不高时,只有家人关心你飞得累不累。他们的话语是治愈疲惫的温暖良方,他们的关爱更是坚守工匠梦的最强助力。

起飞的金川梦

金川集团拥有世界第三大硫化铜镍矿床,是我国镍钴生产基地、铂族金属提炼中心和北方地区最大的铜生产企业。其贵金属生产系统是金川集团工艺最为复杂的生产系统。潘从明的"金川梦"自然与贵金属息息相关。

当时,在贵金属冶炼人员中流传着一句俗语:提取贵金属就像在水缸里打葫芦,按下脑袋起来尾巴。说的是贵金属技术操作十分复杂,解决一个问题,后面又会有新问题层出不穷。从业多年,从贵金属提纯到全萃取工艺,从研发试剂到"察颜观色"的绝活,潘从明的金川梦一直伴随着自身的成长与企业的发展而不断起飞。如今,这梦想又再次扶摇直上——要让一组组现代化设备取代传统的瓶瓶罐罐,让一线员工从单调的体力劳动中解放出来,实现现代化贵金属提炼生产。

1980年，潘从明所在的贵金属提纯厂房刚刚建成，计划其年产量为400公斤，其设计规模与当时规划的金川集团二期20kt/a电镍相对应。但随着金川集团镍生产规模的逐年扩大，其生产规模与公司"扩贵"的高质量发展目标不匹配，厂房空间狭小、机械化及自动化水平较低等问题日益突出。

要想扩大铂族贵金属冶炼规模，光靠扩能扩产行不通，必须得打通技术环节。这些年来，潘从明在一线工作岗位上积累了丰富的经验，尤其是当年从事设备管理的那段工作经历，更让他意识到高效的设备对于提高贵金属提炼的工作效率是多么重要。磨刀不误砍柴工，每一次创新，在潘从明的眼中，都无关金钱、荣誉，而是为了实实在在解决生产中的难题。这一次他要和同事们创新完成的是一整套具有完全自主知识产权的生产系统。

用机械生产代替手工劳作，这无疑是贵金属生产过程中一次意义非凡的改革。2017年，潘从明和同事们在"三未"——未新建厂房、未新购设备、未引进技术的条件下，完全依靠自主技术创新，实现了技术改进、设备革新等一系列新举措。新工艺、新设备的共同发力，不仅大大减轻了一线员工的劳动强度，更让贵金属冶炼的产量和质量不断提升。

走进贵金属提纯厂房，这个由横竖两幢楼连接而成的L型厂房已由最初年产量400公斤提升到4500公斤，提高了10倍以上。而这仅仅是第一步。2019年，潘从明和同事们依托前人宝贵经验，自主研发工艺，提前谋划，合理布局，突破性、创新性地进行贵金属一、二次资源综合回收利用项目，着手制订相应的施工方案、试车方案、达产达标方案等，保证项目试车建设进度，使整个项目建设工期缩短了3个月；2020年，贵金属一、二资源综合回收利用项目建成投产，再次将铂族金属的产能提升至每年7000公斤以上，人员消耗、加工成本降低为原来的30%，并形成以矿产资源为主导同时可处理二次资源物料的全流程生产线，进一步优化调整了金川贵金属的原料结构适应能力，切实提高了金川贵金属资源保障能力，推进了金川贵金属事业的发展，形成了中国"最大的铂族金属提炼中心"、亚洲"最大的矿产铂族金属生产线"。

潘从明在面对CCTV《大国工匠》栏目重点宣传人物的采访时，站在纵横交错的蒸馏设备旁，指着上方的一个容器介绍道："这是我们自主设计研发的玻璃冷凝器和氨水吸收塔的成套回收装置，可以把萃取时排出的废气冷却，再从中回收其他贵金属。别看装置不大，它却首次实现了贵金属废气中微量贵金属、酸类、氨类试剂等的高效回收，提高贵金属回收率的同时大幅降低了精炼成本。"

科学技术是第一生产力，看着眼前的瓶瓶罐罐，潘从明感慨良多，自己初入金川集团学习蒸馏工艺的一幕幕仿佛还在眼前。而现在的贵金属提纯早已告别了传统的摇烧杯工序，烧杯、量杯等容器也只是在检验溶液浓度时才使用。

没有比脚更长的路，没有比人更高的山。正因为有了像潘从明这样不断拼搏、不断奋斗的个体，才让金川集团真正实现了"金石不渝，川流不息"。如今的金川，早已融入"一带一路"建设，面向世界、努力打造具有全球竞争力的跨国经营集团。让

⊙ 上图　潘从明在查看冷凝器运行情况
⊙ 下图　潘从明在调试设备

金川成为甘肃的窗口、祖国的骄傲，让金川扎根祖国、走向世界，成为每一个金川人毕生的追求。这需要一代又一代金川建设者追求卓越、开拓创新、攻坚克难，不断寻求更好、更高、更快的发展。

绿色的中国梦

20世纪90年代，我国贵金属提炼工艺与国际领先水平相比，尚存一定差距。无论是在产量上还是在技术上，均有着需要突破的层层壁垒。2017年，习近平总书记在党的十九大报告中指出："必须树立和践行绿水青山就是金山银山的理念，坚持节约资源和保护环境的基本国策。"这句话深深地烙印在了党员潘从明的心里。贵金属在提炼过程中需要依据不同的工艺，使用大量不同种类的化学试剂，这在一定程度上会对环境产生危害。生态环境一旦失衡，企业生产、人们生活都会受到影响。在贵金属冶炼方面，产量与环境保护必须做到平衡，既要从无到有，更要从有到优，这是新时代给贵金属冶炼人提出的新要求，也是潘从明内心执着追求的"绿色中国梦"。

为了实现这个梦想，潘从明带领团队致力于优化、改进贵金属的环保问题，他凭借着对工作的热爱、对贵金属冶炼工艺不懈的追求，用超出常人的毅力战胜了一切不可能。最终，潘从明带领团队成功攻克贵金属冶炼过程中废渣、废水及废气处理过程的多项难题，逐步形成了具有金川特色的贵金属绿色提取技术体系。

2019年，面对国内外同行的羡慕与赞叹，很多人包括团队中的成员都认为眼前所取得的成就已经超出了预想，但潘从明却没有沾沾自喜，反而越发坚定了要放眼未来的决心："中国在越来越好，中国工人更需要不断进步，要让那些曾经笑话我们的人看到，中国工人是特别能吃苦、特别能创造的一批人。我们可以依靠自己的力量解决世界性难题，更能够以关键共性技术、前沿引领技术、现代工程技术、颠覆性技术创新为突破口，广泛借鉴，寻找新思路，走前人没走过的路，努力实现关键核心技术自主自控，把创新自主权、发展主动权牢牢握在自己手中。"

和潘从明共事多年的工友李进武，经常忍不住在徒弟们面前夸赞潘从明："我和潘师傅一起工作了20多年，他对贵金属的激情和热情不减反增，是我见过对工作最执着的人，你们要是有机会一定要向他多学习。"

在这个属于奋斗者的新时代，人人都有追梦的权利，人人也都是梦想的铸造者。在潘从明的感染下，越来越多的年轻力量加入了他的团队，矿产资源始终有限，于是他们便将眼光投向了新的领域。目前，国内大量汽车、电子产品、石油催化剂等已面临报废高峰期，各类二次资源中的贵金属就是一座座移动的"城市矿山"。这些二次资源也逐渐成为国内外同行关注的焦点，受到大家青睐。潘从明和他的团队接下来要做的，就是从包括汽车催

⊙ 潘从明在操控精炼设备

化剂、石油催化剂在内的二次资源中回收贵金属，同时开展贵金属高附加值化合物的生产研发，将二次资源利用的项目做大做强，让绿色的中国梦继续高飞至远方。

永恒的传承梦

一枝独秀不是春，百花齐放春满园。潘从明深知，二次资源的综合利用，是一个内容宏伟、意义重大的课题，仅仅依靠自己这一代人的努力，想要实现这个宏伟目标，是远远不够的。"我总有退休的一天，但是技术创新没有止境，希望好的习惯、好的风气能够传承下去，继续培养更多创新型技术人才。"谈起创建劳模创新工作室的初衷，潘从明恳切地说道。

党员是旗帜，人才是根本，创新是灵魂。走进潘从明的劳模创新工作室，首先映入眼帘的便是黑板上密密麻麻的化学方程式。在这间空间有限但知识无限的小屋子里，潘从明将自己所习得、悟到的"绝技、绝活"毫无保留地与新员工们分享。

"作为党员，既要带头攻关，又要分享传承。"这是潘从明挂在嘴边的话。在他看来，劳模创新工作室的建立就是一个培养人才、组建团队的最佳方式，通过这个综合性平台，越来越多的员工实现了全方位进步，增强了创新团队的综合实力，也为做大做强贵金属事业持续输送着人才和技术，帮助贵金属产业工人队伍发展

⊙ 上图　潘从明与新员工分享自己所学
⊙ 下图　潘从明给新员工授课

壮大。

新竹高于旧竹枝，全凭老干为扶持。贵金属事业的传承，不仅仅是学问和技艺上的授之以渔，也是思想层面上的发扬光大。金川老一辈人无私奉献、爱岗敬业的工作精神和一丝不苟、精益求精的工匠精神，值得每一个金川人踵事增华。潘从明坚持以身作则，不断带领、引导、鼓励年轻的产业工人们持续专注、持续进步、持续在真理的领域中驰骋，用不断创新的姿态去审视每天的工作，以最强的能力、能量投入到贵金属产品制作过程中。"从我师傅身上学会的不只是技能，更学会了如何做人做事。"说起师傅潘从明，徒弟杨万虎满眼崇拜，"他根据自己在实际操作中积累的经验，编写出了30余万字的资料，这些资料已经成为我们贵金属精炼工人人手一本的'掌中宝'了。"

"老潘呀，你这么卖力地教新人，小心教会徒弟饿死师傅。"有人开玩笑道。"只要他们能攻克更多的难题，让更多的项目创新发展，成为贵金属生产的一把好手和国家的栋梁，我愿意当他们的梯子，让李从明、王从明、赵从明踩着我，登上更高的巅峰。"当然，潘从明对于新人的培养也不都是凭着一腔热情，他制定了严格的创新团队成员培养计划，用于筛选多元化、高层次人才。"P-D-C-A"四个模式的培养方法迄今为止已为贵金属产业培养出人才200余名，其中高技能人才达到20余名。

潘从明培养新员工采取的"P–D–C–A"模式表

"P–D–C–A"模式	
不同阶段	主要内容
P阶段 （Plan/计划）	以班组为单位制订新员工培养计划。
	按岗位进行划分，明确每个实习阶段员工需达到的技能水平。
	新员工根据对岗位的了解，针对短期、中期和长期制订个人的学习计划和职业发展规划，并且制定对策，明确培养方法，确定时间节点，责任到个人。
D阶段 （Do/执行）	按照规划对新员工开展培养，由导师进行现场指导，从生产工艺流程、操作技术参数、工艺管道走向、设备操作及维护等方面展开系统化培训。对过程进行跟踪，确保工作能够按计划进度实施。
	完善信息采集工作，收集新型档案，并且由班组配置专业理论学习资料。
	每周开展新员工理论素质培养，促进新员工对岗位理论知识的掌握。
	班组依托劳模创新工作室，通过自主采购、捐赠等形式，收集贵金属专业书籍，鼓励新员工在闲暇时间自主借阅学习。
C阶段 （Check/检查）	进行每个月的培养检查，其中新员工根据自己所学撰写的实习报告占20分，现场实际验收占20分，师傅和同事的评价占40分，理论测试占20分。

续表

"P-D-C-A"模式	
不同阶段	主要内容
A阶段（Act/行动）	巩固成果、完善问题、实现多岗位循环培养，主要是巩固通过新员工培养而取得的效果，固化培养方式，制订巩固措施。
	分析存在的问题，进一步完善培养计划和员工个人规划，优化下一步的培养方案。
	根据新员工阶段性学习效果，对部分新员工进行导师和岗位轮换，实现员工多方面综合发展，并自主结合不同师傅的优缺点进行归纳总结。

　　每一个阶段，都有潘从明忙碌的身影。新员工入职，他会耐心帮助他们一起制订职业发展规划。月底上交的学习成果总结和下月的学习计划，他都会一一指出问题，提出新的期许，要求他们发现问题并及时通过实验解决，最后形成论文或专利。有人不会绘制工艺流程图、设备连接图，他就手把手地教。员工们的实习报告，他一本一本批改，有时改到凌晨两三点，他就把工作室板凳拼起来，凑合一夜……因为他做起事情来从不马虎，而且不苟言笑，在很多新入职的青年员工眼里，潘师傅是名副其实的"严师"。可慢慢接触下来，却发现其实他不仅和蔼可亲，甚至还有点可爱。当时，除了检查学习成果，潘从明也经常和新员工们一起聊聊天，问问他们生活上有没有什么难处。这不唠不知道，一唠就发现了关键"问题"。难怪每次他说不合格扣钱，这些孩子们都不当回事，原来他

们中大多数人的工资卡都交给了父母，每个月父母会给固定金额的零花钱，所以工资多少并不会直接影响他们的"收入"。新人新方式，潘从明也"与时俱进"了一把，他迅速调整了奖惩模式，对于出现错误的员工不再罚款，改为抄写不少于20页的技术规程。

"啊，又被潘老师拿捏了！"这些年轻员工们嘴上虽然抱怨，但是有什么事还是愿意和潘从明分享。

人才是企业的维生素，人才培养更是贵金属产业得以常青的根本。一直以来，金川集团秉承着"适者为才、人尽其才、尊重价值、多元激励"的人才理念，为了保证人才的发展，制订了与之相关的25条举措。"时代产业工人队伍建设改革是头等大事，要通过改革使得产业工人队伍的主人翁地位持续巩固、技能水平和综合素质不断提升、各项保障制度更加健全、合法权益得到有效保障，锻造一支有理想守信念、懂技术会创新、敢担当讲奉献的产业工人队伍。"这就是潘从明想要实现的"传承梦"。这些年来，陆续有不少年轻人在他的培养下逐渐成为一线产业工人中的佼佼者，每当这时，潘从明就如同老父亲般慈祥地看着他们远去的背影。

有人说，爱一朵花，最好的方式不是为它打造温室，而是陪它一起经历风雨，从冒出骨朵儿到盛开时吐露芬芳。

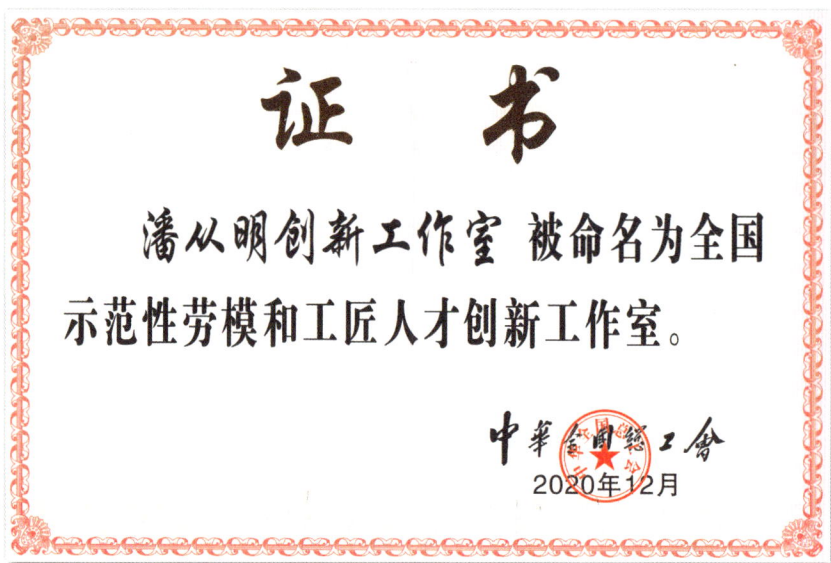

⊙ 中华全国总工会授予潘从明创新工作室"全国示范性劳模和工匠人才创新工作室"证书

第八章　不忘初心的陇上骄子

路漫漫其修远兮

吾将上下而求索

我们工人有力量

2023年，是潘从明来到金川集团的第27年，无论是贵金属冶炼技术、装备研发，还是生产操作、员工管理与培养，他每一项工作都做到了极致。平凡岗位上不平凡的付出也取得了令人欣喜的成绩，他曾受邀前往浦东干部学院参加"大国工匠"高技能人才国情研修班，并先后荣获"甘肃省第一届陇原工匠""甘肃省最美人物""陇原人才""甘肃省领军人才""全国最美职工""中国质量工匠""全国技术能手"等荣誉称号。

2018年，潘从明荣获由中华全国总工会颁发的中国工人阶级最高奖项之一"全国五一劳动奖章"。

2020年11月24日，是潘从明人生中刻骨铭心的一天。他从金川奔赴首都，与来自全国各地的1689名全国劳动模范一起接受党和国家的表彰。想到自己有幸登台领奖，近距离感受国家领导人的关怀，潘从明心潮澎湃。这一刻，他觉得荣誉不只属于自己，而是属于每一位和他并肩作战的金川职工，属于金昌市各行各业的一线产业工人，属于甘肃省千千万万个朴实的劳动者。当国家领导人的双手与他紧握时，将国家的关怀与一线工人连在了一起，将强国梦与一线工人连在了一起，将国家对一线工人的高度重视、对贵金属事

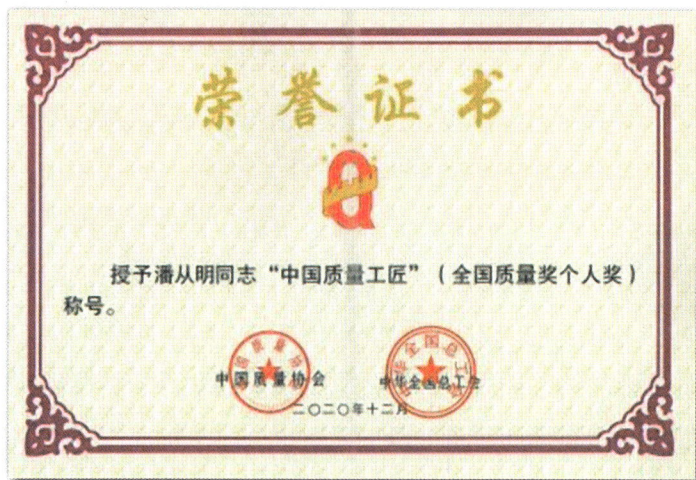

⊙ 上图　2018年，潘从明在浦东干部学院进修学习时留影

⊙ 下图　2020年，潘从明荣获"中国质量工匠"称号的荣誉证书

业发展的殷切期望、对今后工作的重重嘱托和全国产业工人连在了一起。

成为全国劳动模范，并且被评为最美职工，这是潘从明作为一个农村子弟、技工学校毕业生、普通的一线产业工人从未奢望过的。然而更令他难以置信的是，自己竟然能够成为10名最美职工中的5位代表之一，参加国务院新闻办举办的中外媒体记者见面会，并接受采访。

在见面会上，有一位来自《人民日报》的记者向潘从明提问："您是一线产业工人，也是国家科学技术进步奖获得者，在工作中，您攻坚克难突破创新的动力和初心是什么？您又是如何从一线工人成长为全国劳模的，能分享一下您的心得和故事吗？"

潘从明泰然自若地回答道：

"我的初心和动力来自两个使命。第一个是我作为中国产业工人的使命。金川是我国目前已知的唯一具有开采价值的伴生铂族金属矿床，铂族金属产量占到国内矿产总产量的80%以上。咱们中国工人自己不干，谁来干？金川人与生俱来的使命，就是保障国家战略贵金属基础材料的供应能力，实现由'中国制造'到'中国创造'的梦想。

"第二个是我作为企业职工的使命。60多年来，金川集团在一片渺无人烟的戈壁中成长为我国的铂族金属提炼中心，这是几代建设者艰苦奋斗的成果。一线职工的本色就是前赴后继、代代相传，给新一代职工更加开阔的平台。说到成长，就是做任何事都要精益求精、敢于创新。我是来自农村的一名普普通通的技工学校毕业生，我没有什么特长，但是我喜欢钻研、能吃苦，生产上遇到不会

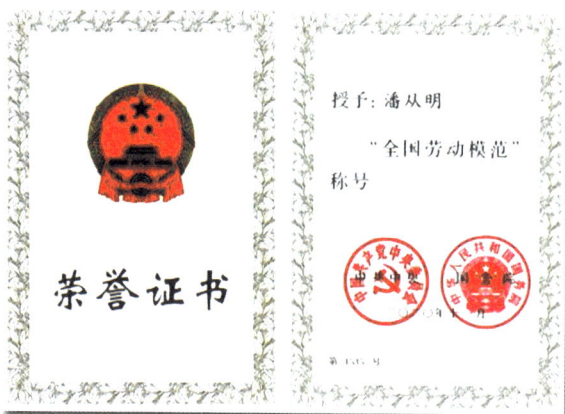

⊙ 上图　2018年，潘从明荣获"全国五一劳动奖章"时留影
⊙ 下图　2020年，潘从明荣获"全国劳动模范"的荣誉证书

的，我宁可待在生产线旁不吃不喝也要把这个事情搞明白。做得多了就熟了，就能发现生产中的问题在哪儿。会得多了，就想到用创新的方法来把难题解决。

"其实我的成长，离不开身边人的支持和投入，我们贵金属生产创新难度比较大，第一个难题是成本高，第二个难题是技术难度大。正是因为有持续的支持和投入，才让我在创新的道路上不断挑战自我，不断挑战不可能。我热爱我所做的工作胜过做这些事给我带来的回报。"

从一线产业工人成长为全国劳动模范，转变的是身份，不变的是初心。这一路的繁花似锦离不开家人的默默支持和同事的鼎力相助，离不开金川得天独厚的矿产资源和集团给予的广阔平台，更离不开省市领导的大力支持、政策鼓励，让普通劳动者也能放开手脚施展自己的才华。潘从明说，他想要感谢的人还有很多很多，唯有将心底的感恩转化为行动，时刻铭记前辈们的付出与奉献，做金川精神的传承者、劳模精神的践行者、工匠精神的推动者和创新发展的建设者。

习近平总书记在全国劳动模范和先进工作者表彰大会上指出："大力弘扬劳模精神、劳动精神、工匠精神。'不惰者，众善之师也。'在长期实践中，我们培育形成了爱岗敬业、争创一流、艰苦奋斗、勇于创新、淡泊名利、甘于奉献的劳模精神，崇尚劳动、热爱劳动、辛勤劳动、诚实劳动的劳动精神，执着专注、精益求精、一丝不苟、追求卓越的工匠精神。劳模精神、劳动精神、工匠精神是以爱国主义为核心的民族精神和以改革创新为核心的时代精神的生动体现，是鼓舞全党全国各族人民风雨无阻、勇敢前进的强大精

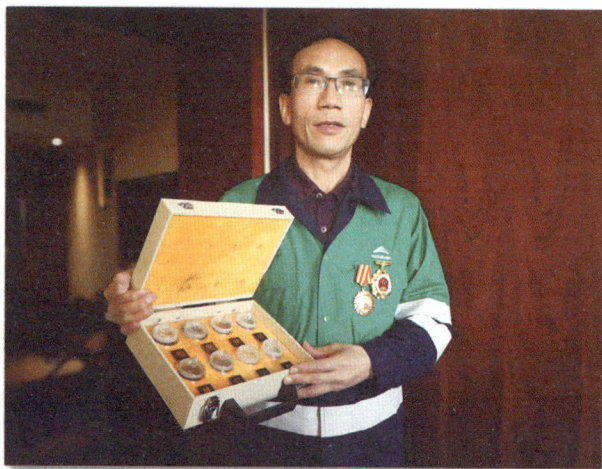

⊙ 上图　2020年，潘从明在最美职工发布现场
⊙ 下图　2020年，潘从明荣获全国劳动模范时留影

神动力。"

潘从明对劳模精神的理解主要是六个字：肯干、能干、会干。肯干，是劳模精神的根本。就是扎根在岗位，奉献到岗位，对工作不挑肥拣瘦，对困难能迎面而上，耐得住寂寞，禁得住诱惑，守得住初心，愿意为了自己的工作付出。能干，是劳模精神的灵魂。就是沉下心来，勤学苦练，钻研技术，把技巧磨炼到炉火纯青，在自己的领域内精益求精、追求极致。会干，是劳模精神的新时代使命。就是能勤加思考，善于创新、敢于创新，发明高效的方法，服务于生产，解决现场问题，生产高质量产品，形成自主核心技术。

"作为一名党员，我的成长离不开党和国家的关怀和培养，我的事业在金川，根在中国。"潘从明如是说。推动中国制造向中国创造的转变、中国速度向中国质量的转变、中国产品向中国品牌的转变，离不开像潘从明一样的劳动模范。当前，我国正处于从工业大国向工业强国迈进的关键时期，无论是传统制造业、新兴制造业，还是工业经济、数字经济，都需要培育和发扬爱岗敬业、争创一流、艰苦奋斗、勇于创新、淡泊名利、甘于奉献的劳模精神和执着专注、精益求精、一丝不苟、追求卓越的工匠精神。

砺匠人之心、行匠人之事，在潘从明的心里，不管前方有多少鲜花和掌声，自己始终都是产业工人队伍的代表，要为产业工人队伍建设竭尽全力。"我们工人有力量，我们每个人的努力就是强大动力，我们国家的贵金属技术，在不远的将来会成为世界的领跑者，而不是追随者！"

⊙ 上图　潘从明作为二十大代表参会时在人民大会堂前留影

⊙ 下图　2024年，潘从明在2023年度"大国工匠人物"发布会现场时留影

至纯之心，纯"萃"之路

　　山河披锦绣，盛世写华章。2021年7月1日，是中国共产党成立100周年纪念日。在这个重大而又庄严的日子里，潘从明应邀来到北京天安门广场，与党和国家做出卓越贡献的各界人士一起，见证了这一伟大而又具有历史意义的神圣时刻。当国旗护卫队铿锵有力地走来，当56门礼炮100响的鸣放声在天安门广场磅礴回荡，当飞机编队呈"100""71"的字样掠过长空，作为一名党员，潘从明忍不住热泪盈眶。一百年，是一段很长的岁月，一代又一代共产党人在历史的长河中经历了漫长地攀登；一百年，又是一段很短的岁月，许多人和事仍历历在目，许多呐喊和高歌犹在耳畔。从上海石库门的旭日到嘉兴南湖的碧波，从嘹亮的号角到今天天安门广场上的欢呼，百年华诞是一本百年史册，记载着中国共产党的千秋伟业和百年风华。

　　回顾过去，展望未来，近距离聆听习近平总书记的讲话，也不禁令潘从明想起了金川的成长史。1964年，露天矿第一次爆破，第一代金川人克服万难向全世界宣告、向祖国母亲汇报"中国贫镍、缺铜、少贵的日子将不复存在"。转眼，近一甲子已过，金川集团在党和国家的带领下，始终不忘"实现中华民族伟大复兴"的伟大梦想和初心，在冶炼提取技术、装备方面不断改革创新，与全球30多个国家和地区开展有色金属矿产资源开发合作。2023年金川公司位居《财富》"世界500强"榜单第289位、《财富》"中国500强"第85位、"中国企业500强"第84位、"中国制造业500强"第32位，为中国共产党第一个百年奋斗目标的圆满实现贡献了自己的力量。

而今，潘从明也以金川人的身份来到了祖国母亲的心脏，从意气风发的青年到如今两鬓已生华发的中年，从初入铂族世界的"生瓜蛋子"到如今贵金属行业的国家级技能大师，往事也如同电影般一幕幕出现在潘从明的脑海。他只身一人从小小村落走入大城市的怀抱，从技校毕业后成为一名普通的一线产业工人、成为稀贵车间提纯班班长，再被聘任为贵金属冶炼工高级技师、贵金属冶炼工特级技师后，到如今当选甘肃省总工会副主席……一路走来，潘从明曾因某一项创新发明解决了贵金属生产的难题而欢呼雀跃，也曾因上千次实验得不到理想的结果而深感力不从心。但每次遇到困难，他都鼓励自己，勤能补拙，只要肯下功夫就一定能够披荆斩棘。每次实验失败，他都告诉自己，失败也是一种学习，是在等待下一次的厚积薄发。

没有人能随随便便成功，光芒万丈的背后一定藏着不为人知的汗水和努力。2022年，潘从明以党的二十大代表的身份参加了中国共产党第二十次全国代表大会。"责任""使命""振奋""温暖""神圣"，他将自己所有的感悟浓缩为十个字，字字珠玑，字字背后皆有深意。能够成为党的二十大代表，代表2500万陇原人民，代表陇原192万多名共产党员，代表数以万计的产业工人，潘从明倍感责任重大、使命在肩。值得一提的是，在2022年10月17日，李克强总理来到甘肃省代表团参加讨论，作为金昌市唯一的党代表，潘从明用6分钟的简短发言就2022年春节前夕李克强总理到金昌市、金川公司考察调研、看望一线职工时提到的相关问题的落实情况进行了汇报。李克强总理关怀的话语、切实的询问，如冬日暖阳洒满潘从明的心房。"我们产业工人赶上了好时代！"潘从明慨叹道，"新时期产业工人队伍建设改革已实施5年，对于一线产业工人而言，无论是经济待遇、社会地位，还是政策支持，都是获得感、成就感、幸福感满满的5年。"

初心是什么？也许是一粒种子，即使长成了参天大树但仍不忘其本来朴素、简单的模样；也许是一个人的梦想，哪怕旅途遥远也热烈地爱着、执着地追求着；也许是一眼回望，行程万里，目光灼灼，本心和信念仍旧热辣滚烫。初心不与年俱老，奋斗永似少年时。因为葆有一颗初心，潘从明在平凡的生活和岗位中书写出了精彩的人生。数风流人物，还看今朝。愿你我以此为光，在新时代、新征程的路上，初心不变，写好一撇一捺，不负时代华章。